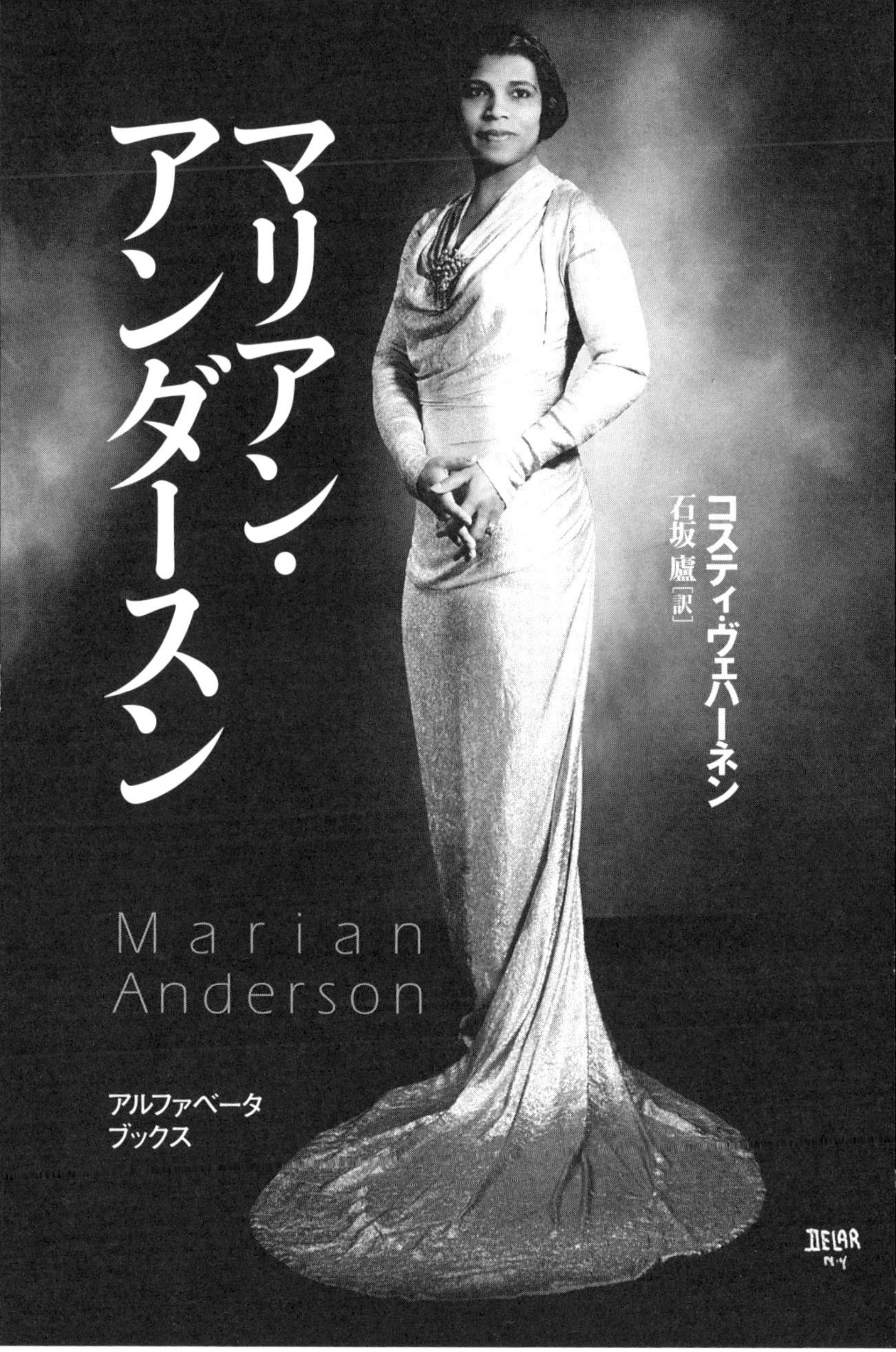

パリのオペラ座リサイタルで着用したロングドレス姿のマリアン・アンダースン。
ニューヨークのスタジオで撮影　1936年

Marian Anderson
A Portrait
by KOSTI VEHANEN

Originally published in 1941 by McGraw-Hill Book Company, Inc.
Reprinted by Greenwood Press, Inc.
First Greenwood reprinting 1970
Second Greenwood reprinting 1976

本書について

本書は二〇世紀半ばにクラシック音楽界で大活躍した米国の黒人アルト歌手、マリアン・アンダースン（一八九七〜一九九三）の伴奏ピアニストを務めたフィンランド人、コスティ・ヴェハーネンによって書かれた *Marian Anderson A Portrait* の全訳である。原著は米国のマグローヒル・ブック社より一九四一年に出版されたが、本書は一九七六年グリーンウッド・プレス社のリプリント第二版に基づき和訳したものである。著者のコスティ・ヴェハーネンは、ヨーロッパ、南アメリカ、米国内を巡るコンサートで一九三一年から約一〇年に亘り彼女の伴奏を務めた。

彼女は母国アメリカでは偉大な歌手として、また公民権運動の象徴として今もなお根強い人気を誇っており、新たな出版も絶えることがない。日本においては一九五三年に来日しているが、今日の若い世代には殆ど知られていないものと思われる。また書籍に関しては、一九五九年に出版された自伝『マリアン・アンダーソン』（西崎一郎訳　時事通信新書）の他には児童書が二冊出版されているのみである。マリアン・アンダースンに関しては巻末に記述しているので、ご参照いただきたい。

本書は、彼女の身近にいた伴奏ピアニストが著したという点で大変ユニークで面白い内容となっている。ピアノ伴奏者には演奏技術だけでなく、歌手の特性に応じた選曲、曲の解釈、表現方法、レパートリー作りに至るまで共演者として助言ができる高い知性が望まれる。以前に出版された英国の伴奏ピアニスト、ジェラルド・ムーアによる『お耳ざわりですか』（萩原和子、本沢尚道訳 音楽之友社 一九八二年）とはまた違った面白さが本書には含まれている。

本書の内容は、アンダースンの故郷、ペンシルヴェニア州フィラデルフィアの子供時代の回想から始まる。そして人種差別の激しい米国での音楽活動を断念して一九三〇年にドイツに渡ると、そこで北欧の音楽マネジメント会社のスウェーデン人、ヘルメール・エンワル氏に見出され、著者のコスティ・ヴェハーネンと北欧諸国での演奏旅行を開始する。そしてヨーロッパ各国で成功し、名声を確立したのち米国に戻り、一九三九年四月九日復活祭の日に七五〇〇〇人の聴衆で埋まったあの感動的なリンカン記念堂野外コンサートで幕を閉じる。

本書は心から音楽を愛し、神から与えられた音楽の才能に感謝しつつ、一人の人間として、またアーティストとしてひたすら前を向いて歩き続けた黒人女性歌手マリアン・アンダースンのポートレートであるが、一方で人種差別の問題に関わる書でもある。白人による黒人差別に対する彼女の姿勢は声高に非を訴えるいわゆる活動家のそれとは異なり、他との対立を好まない性格から常に抑制的な姿勢を崩さなかった。それは差別の非を直接訴えるのではなく、音楽が有する力を信じ、ただひたすら歌うことによって人々の魂に訴えるという彼女なりのやり方であった。

早くに父親を亡くした彼女を支えたのは子供たちのために身を粉にして働き続けた母親であり、

教会であり、黒人コミュニティであった。本書にも登場するが、そのような母を見て育った彼女は強靭な意志によって自分の立ち所を築き、先達として後進の黒人歌手たちのために道を切り開いた。マリアン・アンダースンの言いようのない優しさと深い慰めの歌を聴いていると、彼女が人知れず流し続けた涙が心の中にひたひたと沁み通ってくるような気がするのである。

目次

【編集部注】

・本文内の注は、（　）が原注、［　］が訳注としている。

・本文内の日本語の曲名に付けた原曲名は、原書にあるものに統一した。

・「本書について」「マリアン・アンダースンについて」「訳者あとがき」は翻訳版の刊行にあたり訳者が加筆した。

・本文内の見出し、地図、別丁の写真と巻末の人名索引は翻訳版の刊行にあたり新しく加え、写真の出典は奥付に記した。

マリアン・アンダースン

プロローグ

初秋のやわらかな日差しをいっぱいに浴びて辺り一面に活気が満ちていた。木々の葉は秋色に染まり、小さな湖は明るい陽光を浴びてその真青な湖面がきらきらと輝いていた。牧場では白と茶のぶちの馬が悠然と草を食み、小さな鶏たちはせわしなくくちばしを動かしていた。私の傍らを一匹の大きな黒犬がゆっくりと去っていった。高く晴れわたる秋空の下を近くのパイロット養成学校から飛び立った航空機が、日々の訓練飛行のために今日も旋回を繰り返していた。

少し離れた所に立ち並ぶ大樹の向こう側はゆるやかな低地になっており、そちらの方からトントントンという金づちの音やのこぎりの奏でる歌が聞こえてきた。音のする方へ近づいて行くと、建物の壁面は昨日からまた一段と大きくなっていて、職人たちはこの家の外壁となる厚板を一枚ずつ取り付けるために今日も精を出していた。

屋根には間もなくこけら板が葺かれる。そうなれば突然ザーッとにわか雨がやってきてももう大丈夫、作業の中断はあるまい。配電工や塗装職人も近々この小さな家の最後の仕上げにやってくるに違いない。そして、この家は完成する前から女主人の到着を待ちわびているかのような表情を見せていた。

近くを流れる小川のせせらぎさえも、近づく工事の終了を祝福するかのようにブクブクと泡立っていた。厳しい練習と心身ともに疲れるコンサートツアーに明け暮れたこの長い歳月、ずっと心に抱いてきたマリアンの夢がいま実現しつつあるのをこの小川は理解してくれているように思われた。マリアン・アンダースンのスタジオはもう完成間近である。

最後まで残っていた職人が帰ると、日々の仕上がり具合を見るためにいそいそとやって来るのが、今では彼女の日課のようになっていた。マリアンは今夜も懐中電灯を片手に、もうすぐ自分自身の芸術の館となるこの小さな建物の点検にやって来たのである。

「貴方はこの色はお好きかしら？　暖炉には大理石の飾り棚があった方が良くはなくって？」

家の隅々まで点検して回る彼女の姿を見ていると、私にはマリアンの人生の中でこれまでずっと続いてきた一つのサイクルに今やっと区切りがつき、そしてまた新たな人生がこれから始まろうとしているのがはっきりと感じられるのであった。長いあいだ温めていた考えがふと私の頭の中をよぎった。「過ぎ去ったこの十年間の思い出を書き残しておくのに多分、今が一番良い時期ではないだろうか？」と私は話を切り出した。二人で続けてきたコンサートツアーについて何らかの形で記録に残すことは、これまで私たちの間では何度となく話し合っていた。人々が面白いと感じ、マリアン・アンダースンの人となりをよく知ってもらうには本としてまとめるのが一番良いのではないか、私は常々そう考えていた。「本ができるほどたくさんの事を思い出せるかしら？」とマリアンが私に言った。

傍らの林檎の木々の枝はたわわに実を結び、心地よいそよ風は熟したリンゴのほのかな香りを私たちの鼻先まで運んできた。私たちが歩いている小径に沿って植えられた葡萄のつるには、まだ青い色をしたブドウの房がぶら下がっていた。ふと夜空を見上げると、林檎の木の真上にひときわ明るい宵の明星が輝いていた。

「うん、大丈夫さ。僕たち大抵のことは憶えているから。もっとも、中には忘れていることもあるかも知れないけど」

「ニーナ・グリーグさんのこと憶えているかしら?」

とマリアンが口をはさみ、以前コペンハーゲンの自宅にマリアンを歓待してくれた、自身ソプラノ歌手でエドヴァルド・グリーグ［一八四三〜一九〇七　ノルウェーの作曲家］の未亡人のことに話が及んだ。

「もちろんだよ。彼女は夕食の席で小籠に一杯の花を君に贈ってくれたよね?」

「あら、そうだったわね。私、そのことをすっかり忘れてしまっていた。でも、モスクワの鉄道駅で演出家のスタニスラフスキー［一八六三〜一九三八　ロシアの著名な演出家で俳優］さんから贈られたリラの花、それからシベリウスさん宅でのシャンパン、とてもチャーミングなイタリアの皇太子妃、ロシアで私たちの演奏旅行のスケジュールをすべて取り仕切ってくれた、有能なマネジャーのトルさんなど、私よく憶えてるわ。彼は今ごろ何処にいるのかしら?」

「何処だろうね。その他の人たちも今ごろ何処に……。何とか思い出してみるからマリアンも僕に力を貸してくれないかなあ」

「ええ、いいわよ」

マリアンは穏やかな低い声で答えた。彼女のこの約束に対して、私は感謝の気持ちを込めて彼女の手のひらを両手で包み、そして強く握りしめた。

これは過去十年間、彼女と私の間に存在し、さらにこれから先も決して失われることのない美しい友情の印なのだ。私にはふとそんな気がした。

その後、マリアンの故郷フィラデルフィアにある新居の居間でパチパチと音をたてて燃えさかる暖炉の火を前にして、マリアンと私は様々な思い出を語り続けた。

「マリアン、子供の頃の話を何か聞かせてくれないかなあ？」

「あら、どうしてコスティ？　私の自伝を書こうなんて思わないでね」

「まさか、そんなもの書いたりしないさ。でも、マリアンの少女時代の話をちょっとだけ聞かせてくれない？　何しろ君の子供の頃のことって僕はなんにも知らないからね」

「もうずっと昔のことだし、よく憶えてないのよ。……そう、よく晴れた日、それはもう嬉しくてたまらない一日だったわ。母は私に飲ませるミルクを取りに行く時、いつも私を連れて行ってくれたから。でも雨の日になると、母は私を独りぼっちにして出かけてしまうので、朝の散歩ができないのはとても寂しかった。だから私はいつも太陽に向かって『どうか光り輝いていてくださいね』ってお願いしていたの。ところがそんな朝の散歩も、ある日運んでいた牛乳の空びんを落としてしまったことで、もうできなくなってしまった。壊れた空きびんで腕をひどく切ってしまい、私はそれからの数週間は怪我をした腕を肩から吊っていなければならなかった。そんなことがあって、母はもう決して私に牛乳びんを運ばせるようなことはしなくなったの」

「ある朝、隣室に置いてあった日除けの付いた子供用の椅子に私を座らせると、母は私に『ねえマリアン、お利口にしてるのよ。ママが朝食をこしらえるまで、ここにちゃんと座ってるのよ』と言ったの。私はいつも母の傍にいてお手伝いがしたかったわ。だからその朝、子供用の椅子に座わらせられて私は大声を張り上げて泣いた。しばらくして、泣きくたびれた私は部屋の壁紙の周辺を見上げて面白がっていた。そこにはこれまで私の気づかなかったものがあったの」

「それまで壁紙の周囲は花柄であったように思っていたのに、その朝は突然、壁紙の花柄がみな人間になったように見えたの。私がもう一度壁紙を見上げると人間たちはダンスを始めた。時折、彼らは私の泣き声にリズムを合わせて青いバラは紫色のリラの花と位置を替え、青い忘れな草が大きな菊の周りで踊っていたわ。そのうちに忘れな草は少女になり、菊は頬をうっすらとピンクに染めた騎士に変わって、それらは私と一緒に歌い始めた。ああ、なんとそれは美しい夢でしたでしょう。それらの歌のすべてを、私はこの自分の目と耳ではっきりと確認できたわ」

「それは一種の予言だったのかも知れないね」と私はマリアンに言った。

「壁紙の中の花が人間に変わったように思われたけれど、これは現世で人々が君の前途に祝福の花束を投げかけてくれたという意味じゃないかなあ」

彼女はこれには答えず、ただ、にこやかに笑みを浮かべながら、さらに続けた。

「六歳の頃だったわ。私が今でも憶えているのは、ヴァイオリンが欲しかったこと。ある日、私が質屋さんの窓ガラス越しに店内を覗いたところ、そこにはヴァイオリンが並んでいた。そして、いつの日かそれを持てるようになったらいいなあと願っていたの。ヴァイオリンの値段は三ドル四五セントだったわ。当時、私の故郷フィラデルフィアではごく普通に見られる光景だったけれど、各家庭の玄関前には戸口につながる階段があって、そこを洗浄するアルバイトで五セントから一〇セントの稼ぎになることを知った私は、長い間このアルバイトをしてお金を貯めたの。そしてついにあのヴァイオリンを買いに店内に入っていける日がやって来たの。ヴァイオリンはストラディヴァリウスに違いない、私はそう確信したわ。店主のおじさんに、これは本当に上等のヴァイオリンなのかと尋ねると、彼は確かにそうだと答えたのよ。初めてそのヴァイオリンを手に抱えたときのあの感触。私は嬉しくて嬉しくて有頂天になって、それからすぐに自力で練習を始めたわ。私は随分長いことこのヴァイオリンを使ったのよ。おしまいには弦が伸びきってしまったけれど、もうその時には私の腕も上達していたので、このヴァイオリンは役目を十分に果たしていたわ」

「ヴァイオリンの後はしばらくして私の叔父さんの家から譲り受けたピアノを学ぶようになったわ」

「小学校では隣の音楽室から聞こえてくる歌声をよく聴いていたの。ハミングでその歌に合わせながら、いつも暗唱していたわ。だから次に自分の音楽の時間になって音楽室へ移動した時、すでにそれらの歌を私が知っていたので、女の先生だったけれど、驚いていらしたことがよくあったわ」

「私がまだ小さかった頃、教会の行事で歌ったことがあったの。八歳の時には地域の教会、同好クラブ、社交界の方々がコンサートを催した際に、私にもそこで歌う機会を与えてくださった。私のことを一〇歳のコントラルト［女性の低音域の声種］と称して、ポスターで紹介してくれたりする人もいたわ。私のハイスクール時代の校長先生からは声楽の勉強をしてはどうかとの助言をいただき、後にはプロの声楽教師の紹介までしてくださったのよ」

「君はまだ若いのに教会の聖歌隊では休んだソロ歌手の代役をしばしば務めていたって聞いたけど、それ本当なの？」

と私は尋ねた。

「ええ、そうよ。当時、聖歌隊では『心奪われし人［Inflammatus］』という高C音のある賛美歌が歌われていて、ソプラノ歌手が来ない時には、よくそのソロパートを歌っていたのよ。それから、下は低D音まであったわ。こうした聖歌隊での音楽活動は、しっかりした音楽性を身につけるのに随分と役立ったように思うの」

「そんな若さで上手く歌えるのに、さらに何を勉強しなくちゃならないの？」

と私はマリアンに尋ねた。

「うーん、それは難しい質問ね。家では殆ど練習しなかったし。先生のレッスンを受けに行くと、私が十分な練習を積んでいても、そうでなくても、先生の言葉はいつも『今日はなかなかいいよ。君はよく勉強してきたね』と仰るだけだった。そんなわけで、先生のレッスンではそれまで聞いたことも歌ったこともない曲の旋律を学ぶことだけだったの」

「僕は思うんだけど、少女とはいえ、君には生まれつきの才能があったんだよ。ところで、マリアンが影響を受けた偉大な演奏家は誰かいる？」

「ええ、勿論いるわよ。それはローランド・ヘイズ［一八八七〜一九七七　米国のテノール歌手。黒人クラシック歌手の先駆者としてヨーロッパで成功したあと米国へ戻って活躍した］。彼の歌唱はそれまで私が聴いた中で最も美しく感動的なものだったわ」

私たちは夜が更けるまで語り合った。暖炉の火はもう殆ど消えかかっていて、灰だけがチラチラと光を放っていた。二階の静まり返った自分の部屋へ戻ると、私は窓の外を見上げた。夜空にひときわ明るく宵の明星が輝き、その周りを無数の星たちがさながら兄弟姉妹のように取り巻いていた。夜の静寂《しじま》に独り机に向かうと、私は鉛筆と紙を取り出し、そして書き始めた。

第一章　北欧の国々

北欧（1933 年）

スウェーデン
ノルウェー
フィンランド
デンマーク
クオピオ
ユヴァスキュラ
ヤルヴェンパー
ヘルシンキ
ヴィープリ
オスロ
ストックホルム
バルト海
コペンハーゲン

北欧デビュー

やっとシーズンが終わった。一九三一年の春季コンサートツアーをちょうど終えたところで、私はストックホルムにあるマネジャーのヘルメール・エンワル氏の美しい自宅のソファでくつろぎながら、来シーズンの演奏スケジュールについて話し合っていた。

話題が最近ベルリンでリサイタルを開催した黒人歌手の話になった。彼の話では、ちょうど同じ頃にベルリンの中小の音楽マネジャー達からも、その黒人歌手の情報を幾つか手紙で知らせてきているようであった。エンワル氏は言った。

「私はあのマネジャーや批評家連中の言うことはあまり信じてないけど、アンダースンと言う名の黒人女性歌手ねえ、スウェーデンではきっと当たると思うよ（スウェーデンではアンダースンはありふれたよくある名前であるが、黒人はいないので、そのことが人々の興味をかき立てることになるだろうと予測したもの）。どう、ベルリンまでちょっと出掛けて彼女の歌を聴いてみない？　あいにく僕は時間の都合がつかなくて」

「いいですよ、私が行ってきましょう。ドライブでも楽しんできますよ。でも、たった一人でドライブというのもねえ……誰かお供をしてくれる人はいませんか？」

と私は答えた。

「マネジャーのルールはどう？　僕の方から彼に電話しておくよ。彼の方でも新しいアーティストをリストアップしておきたい意向のようだから」

ルールはノルウェー公演の際に私たちのマネジャーを務めた男のニックネームで、本名はドクター・ルール・ラスムッセンであった。この人物は道楽人として知られていたが、その愉快でウィットに富んだ性格から、どのアーティストにも受けが良かった。

ルール氏は私たちの誘いに二つ返事で応じると、直ちに出発することになった。北欧スウェーデンのうららかな春の日に、私たち二人は緑豊かな美しい森の中を駆け抜けてドライブを楽しんだ。フェリーでドイツに渡った後、ほどなくしてベルリンに到着した。ミス・アンダースンの所在をつかむのにさして困難はなかった。彼女はこのドイツの首都ベルリンにある王宮で、こうした音楽マネジャーたちのためにお披露目のコンサートを開くことになっていた。

「あそこの音響は素晴らしい」とルールは大声で言った。「彼女は人気《ひとけ》のない王宮で歌う予定だよ」。ドイツでは革命の後、皇帝の王宮で公的行事は一切行われることはなく、ただ博物館としてのみ使用されていたのである。

先日行われたベルリンでのリサイタルがマリアンのヨーロッパ・デビューであったことも分かった。彼女は一時ベルリンに留学し、声楽の研鑽を積んでいた。母国アメリカではすでに数多くの演奏会に出演していたが、彼女はまだ全く無名の存在であった。ニューヨークのタウン・ホールやカーネギー・ホールにおいて、すでにリサイタルを行っていた。さらに、同じくニューヨークのルイソーン・スタジアム主催の声楽コンクールに出場して、約三〇〇名の応募者の中から見事第一位となり、ニューヨーク・フィルハーモニック・オーケストラの伴奏によるリサイタルの機会も得ていた。その他にもフィラデルフィア管弦楽団の伴奏で一度歌っていた。だがそれにも拘わらず、依然として出演の話が彼女のもとに持ち込まれることはなかった。白分が生まれ育った米国で歌手としてキャリアを築くことの困難な現実を思い知らされたとき、彼女は母国アメリカに見切りをつけると、自身の目をヨーロッパに転じたのである。そして、それは決して徒労に終わることはなかった。

ルールと私は美しいウンターー・デン・リンデン［「菩提樹の下」という大通りで、ベルリン中心部を東西に走る一・四キロメートルほどの並木道］を連れ立って歩いて行くと、小さな運河にさしかかった。そこを越えると、向こう側は旧宮殿であった。その建物の脇にある出入口付近には幾人かの人々の佇む姿があって、誰かを待ち受けている様子であった。彼らはミス・アンダースンの歌を聴きに来た人々に違いなかった。

遠くの方には何やらおしゃべりに熱中している人々がいたが、そこから少し離れた所に黒人の婦人がただ一人立っていた。そのうら若い女性の方に近づいたとき、ふと、この人は私のこれからの人生でとても大切な人になるかもしれないという予感がした。私はもう彼女から目が離せなくなった。彼女の姿が一層はっきり見えてくると、かなり背の高い人であることが分かった。すらりとした体躯にシンプルな黒の衣装をまとい、つばの部分に皮の縁飾りのある茶色の帽子を被っていて、楽譜の束を小脇に抱えていた。

私が挨拶をすると、親しみのこもった笑みを浮かべながら「はじめまして」と彼女は答えた。当時、私は英語がまったく駄目だったので、ドイツ語で彼女に話しかけた。しばらくおしゃべりをした後、私たちはゆっくりと歩きながら旧宮殿の中に入って行った。

私たちはまず建物入口のドアを開けた。すると、驚いたことに大きな美しいホールなどどこにも見当たらなかった。それから、私たちの立ち止まっている場所は旧宮殿の裏手にあり、古色漂う暗い回廊の一部にあたることが分かった。廊下の両側にはそれぞれ部屋があって、そこにはちょうど学校の教室のように、机と長椅子が並べられていた。私たちがそのような部屋の一つに入ったところ、すでにそこには五〇名から六〇名ほどの人々が集まっていて、部屋の一隅にはアップライト・ピアノが一台置かれていた。

ルールと私はこの部屋の一番後ろに行き、それから壁を背にして席に着くと、このうら若き女性歌手の第一声を期待して待った。

この時、マリアン・アンダースンは黒人霊歌のみで構成した短いプログラムで臨んだ。当時、私にはこの種の歌は殆ど馴染みがなかった。それまでたった一度だけ、黒人バリトン歌手の歌う黒人霊歌の伴奏をしたことはあったが、その時に当のバリトン歌手がリハーサルの場で語っていた「霊歌というのはジャズではなくて、いわばジャズを生んだ元になるものである」という言葉をふと私は思い出した。黒人霊歌に対する私の認識と言えば、当時はその程度のことしか念頭になかったのである。

ミス・アンダースンが歌い始める前にピアノ伴奏者が聴衆に向かって一礼し、歌詞の意味を説明した。少ない聴衆ではあったが、いかにも知り尽くした歌を心から歌い上げる歌手がこんな所にもいたのだということを実感しながら、聴衆はみな彼女の歌唱にじっと耳を傾けていた。その時に受けた私の印象はいささか奇妙なものであった。このような歌は私がそれまで慣れ親しんできたタイプの音楽とは随分かけ離れていたからである。素朴な歌詞とシンコペーションのリズムからは、正直なところ深い理解というよりも、むしろ物珍しさの方が先にたった。

リサイタルが終了すると、伴奏者は聴衆に向かって、ミス・アンダースンのオペラ・アリアのリクエストがあるかどうかを問いかけた。私たちは「もう十分に聴かせてもらったと思う」と答えると、彼女に礼を言って会場を後にした。

ルールと私はこのうら若き歌手の芸術性に思いを巡らせていたので、しばらくは互いに話しかけるのを控え黙って歩いた。私はとうとう沈黙を破ってルールに尋ねてみた。

「ねえ、彼女の歌だけど、どう思う？」

「うーん、そうねえ……彼女は美しい声を持った、素晴らしい生徒さんだと思う。だけど、はっきり言って、もっと勉強が必要だね」

とルールは答えた。

「僕にはよくは分からないけど、黒人歌手の多くに見られるような喉声になる欠点がなく、声がよくコントロールされていたと思うけど」

と私が言ったところ、ルールは答えた。

「声じゃなくて、まだ表現力とか解釈の仕方に課題があるように思うんだよ」

「そうかなあ？　僕には彼女の歌った曲はほんの子供の頃から彼女が耳にしてきた歌のように思われたよ。多分、あの歌はあんな風に歌わないといけないのじゃないかなあ」

「彼女の容姿から受ける印象はどうだった？」

とルールは私に尋ねた。

「誠実そうで魅力的な人」

と私はすかさず答えた。

「大舞台でも映えると思う？」

「それは難しい質問だね。でも、最初の印象が悪い人だって、あんなに素晴らしい声があればね。だから彼女はきっとものになると思うよ。彼女の声の表情には忘れがたい魅力があるからね。……たった一つではなく、多彩な色を持っていると思うよ。個々の歌詞の意味を十分に表現するために、彼女がそうした異なる音色を自在に使い分けることができるなら、本当に素晴らしい歌手になれるんだけど」

「でも、そのレベルに達するまでには時間がかかるよ」

とルールは言った。

「本当にそう思う？　ねえルール、君はきっと驚くかも知れないよ」

さて、ここで私たちは一息入れるためにレストランに入ると、コーヒーを注文した。それから席に着き、しばらくはそこに出入りする人々の様子を何気なく眺めていた。しかし、二人の頭の中には依然としてとてつもない才能を秘めたあの米国出身の若い女性歌手のことしかなかった。

ストックホルムに戻った私たちは早速エンワル氏に対し、若き女性歌手ミス・アンダースンの持ち声と将来性について率直な感想を伝えた。エンワル氏は笑顔でもう一度「例のアンダースンと言ったね。あの黒人女性歌手のことだけどさ。彼女はいいね。ここスウェーデンではきっと成功するよ。うまく当たるって」と言った。そして彼は直ちに彼女との間でマネジメント契約を結んだのであった。これがミス・アンダースンがヨーロッパで築き上げた、あの輝かしい足跡のささやかなる第一歩であった。

それには当然ながらヘルメール・エンワル氏の多大な貢献があった。氏は北欧最大のコンサート・マネジメント会社、コンセールボーラゲットの重役であった。彼はまず最初は北欧諸国における計六回のリサイタルについて、わずかな出演料でミス・アンダースンと出演契約を結んだ。私たちの間では承知の上でのことであったが、マネジメント会社としては試しにアンダースンという彼女の名字に賭けて手掛けることになったのである。しかし最初のリサイタルが終わってみると、アンダースンという名前などもう問題ではなかった。名前とは関わりなく彼女の演奏自体の重要さがたちまち聴衆の間で認識されるようになり、遂にはこのうら若き女性歌手の将来の成功は間違いないという確信が芽生えたのである。リサイタルの数もまたたく間に回数を重ね、いつしか数百回を数えていた。こうして彼女の長期にわたるヨーロッパでのコンサート・シーズンが始まった頃には、北欧諸国における演奏活動もすでに三シーズンが経過していた。

ほどなくエンワル氏はミス・アンダースンのゼネラル・マネジャーとなった。そんなわけで、彼はマリアンのヨーロッパ諸国における演奏スケジュールの策定に余念がなかった。しかしながら、滑り出しから何もかもうまくいったわけではない。実際はその反対でトラブルもあったのである。当時、ヨーロッパの音楽マネジャーたちの多くはマリアン・アンダースンにさしたる関心を示さなかったからだ。

マリアンとの最初のリハーサルはフィンランドのヘルシンキにある私の自宅で行われた。私はこの時に初めて彼女が黒人霊歌以外の曲を歌うのを聴いた。彼女のリズム感を捉えるために私はとりわけ柔らかいタッチでピアノ伴奏を始めると、続いて彼女の第一声が発せられた。

一体どこからこの声は出てくるのだろう？　まるで部屋全体の空気が振動を始めたかと思うと、地下の方から彼女の声が湧き上がってくるようであった。私には声の進んでくる方向は分からなかったが、部屋の雰囲気がパッと華やいだように感じた。……確かにその声は地下から湧き上がってくるに違いない。その歌声を聴いて、ふと私はまだ誰も足を踏み入れたことのない鬱蒼《うっそう》とした森の中で密やかに咲く一輪の美しい花を思い浮かべた。それからまた日光や雨や火が作り出す様々な物質を豊富に含んだ土壌に太古の昔より蓄えられた栄養分を吸収する根のことも思い浮かべた。可憐な花は美しさとかすかな香りを漂わせ、いまだかつて感じることのなかった優しさにうち震えながら咲いている。私の耳に聞こえてくる音声はみるみる高まる。そして堂々たる力がみなぎると、花びらを全開にしてその美しさを主張した。その時、私は世にも稀な自然の不可思議さに心を奪われてしまった。

マリアンの歌声には美しさのみならず、その奥深いところに魂が込められているかのようであった。

たとえミス・アンダースンが電話帳の第一ページから最後のページまで歌ったとしても、その歌唱は感動的で深い憂いに満ちたものになるであろうと言う人さえあった。彼女の持ち声は決して聴く人の心を陽気で浮きうきした気分にさせるものではない。いや、むしろ涙でうるみ大きく見開かれた瞳に喩える方が相応しかろう。加えて驚異的な音域の広さがある。最初のリハーサルの時であった。彼女はなんと上は高C音から下は低D音までの三オクターヴの広い音域を三度にわたり歌い切ったのである。高音域から低音域までをカバーするその滑らかな発声には力みや苦しげな表情はみじんもなかった。まさしくそれは非のうちどころのない本物の歌唱であった。しかも、それがいとも簡単に歌われるのである。

とは言え最初から一足跳びにこのような歌唱ができたわけではない。歌唱レベルを真に芸術的な表現にまで高めるためには、やはり努力が必要であった。マリアンにとって米国で最も重要な声楽教師であったジュゼッペ・ボゲッティは表現力というものを重視していたので、歌の表現を高めるためには譜面に明示されていないような表現法を時として用いることもやむを得ないと考えていた。

考えてみると、私の見解がボゲッティやミス・アンダースンの見解としばしば異なっていたことは決して不思議なことではない。私がヨーロッパ人であるとは言っても、曲の分析に際して従来通りの伝統的解釈に終始しているわけではないからである。マリアンが時に言うには、私には曲の隠れた意味を探し出してくる不思議なテクニックを備えているそうであるが、私たちは色々考えた末に決めた演奏方針に基づいて、演奏会用プログラムとして選んだ曲が持っている隠れた意味を表現することに努めたのであった。

シベリウスとの出会い

私たち二人の仕事上のつき合いが始まったばかりの頃であったが、私は彼女に北欧の音楽にも少し取り組んではどうかと勧めてみた。当時の彼女はグリーグの歌曲を数曲知っているだけで、他の北欧曲にはまったく馴染みがなかった。彼女が私の助言を快く受け入れてくれたので、さっそく私たちは音楽作りに取りかかった。最初に勧めた歌はフィンランドの大作曲家ジャン・シベリウス［一八六五〜一九五七］の作品であった。それからスウェーデン語の民謡も何曲か練習した。今でこそマリアン・アンダースンは多彩な北欧曲のレパートリーを有しているが、実のところ当初はそんな状況であった。

私たちが初めて二人でヘルシンキを訪れた折りに、それまで私がコーチをしてきたシベリウスの歌曲をマリアンが歌うのを作曲者自身に一度聴いてもらいたいと思い、私は電話で問い合わせてみた。これまで懸命に取り組んできた私たちが、そのように考えるのは自然の成り行きというものであった。シベリウスへの電話を終えて、私はシベリウス本人から自宅訪問の了解が得られたことをマリアンに伝えられる喜びで一杯であった。

いよいよ心待ちにしていた日がやってきた。その日の午後、マリアンと私はヘルシンキ市内から大作曲家の居宅のあるヤルヴェンパーまで車を走らせた。シベリウスを訪問することに私はいつも喜びを感じていた。マリアンにとってもそれはわくわくするような緊張の一時であり、実り多い体験のうちの一つであったと思う。

フィンランド風の木造の別荘に到着すると、私たちはこじんまりした玄関の広間を通って応接間に案内された。家具の表面は金色と白色に仕上げられ、帝政時代風の古色漂うたいそう美しいものであった。壁には著名なフィンランド人の画家アクセリ・ガッレン＝カッレラ［一八六五〜一九三一］の見事な絵が掛かっていた。部屋の一隅にはスタインウェイのピアノが置かれ、その上に額に入れたスウェーデンのヴィクトリア王妃の肖像写真が立てかけてあった。二つの窓からの眺望は絵のように美しく、森や牧場の緑が一面に広がりを見せ、さらに遠方には青い水を湛えた大きな湖を見ることができた。

応接間の隣は食堂であった。そこには大きな暖炉がでんと構えていた。壁側に沿って長椅子が置かれ、その長椅子の前にフィンランド風の食卓が置かれていた。

食堂の隣は書斎であった。この部屋はもともと子供たちの遊び部屋として使われていたが、その子供たちも次々と巣立っていった今では、すっかり様子が変わっていた。この部屋の内壁は四方がみな黒っぽく塗られた板張りであった。一つの壁面は全面が本で埋まっていた。そして床には明るい色調のモダンな家具が二、三置かれて、それらがこの部屋の調和を保ち一層部屋を引き立てていた。

マリアンと私がシベリウス宅に到着したのはもう夕暮れ時であった。応接間のシャンデリアには祭事の時のような明るい灯がともり、シベリウス夫妻が直接私たちの前に現れ、大変温かく迎えてくれた。

シベリウス夫人はその美しい容貌に豊かな銀髪が相俟って、気品漂うたいへん魅力的な女性であった。夫人からは本物の文化の香りと趣味の良さがうかがわれ、いささかもの悲しげな風情のある微笑には親しみがこもっていた。

シベリウス自身は身なりのこぎれいな紳士であった。彼の握手は力強く、相手はみな彼の誠実さと信頼感を強く印象づけられるのであった。これは周知のことであるが、彼の表情を実際に見れば、その力強さというものがよく分かる。初めて彼に会った人は誰もがまず、彼の眼差しに強烈な印象を受けるようだ。眼光鋭い碧い目は瞬時にあらゆるものを射抜いてしまうように思われた。また、表情はあくまでも冷静で威厳を備えていたが、それもじきに親切で物わかりの良い表情に変わる。次に印象的なことは、広い額とそこに深く刻まれたしわである。彼は時に悪戯っぽい表情を浮かべて明るく微笑む。

「この辺でコーヒーにしましょうか?」これはシベリウスが初めてマリアンに話しかけた言葉の中の一つであった。歌う前のコーヒーは良くないと考え、私は不躾ではあったがマリアンの歌の方を先にして、コーヒーはその後でゆっくり戴きたいとの意向を伝えた。私はマリアンの声楽コーチとして彼女の歌唱の出来栄えに責任を負う立場にあるので、彼女の歌唱が作曲者自身からどのような評価を受けるかと思うと内心気が気ではなかったからだ。

ミス・アンダースンはシベリウスの歌曲から「不安な胸の内より［Aus banger Brust］」と「トンボ［Sländan］」の二曲を歌った。小部屋の中で大作曲家を間近にして、しかもその本人の作曲した歌を披露するのはたやすいことではなかった。しかし、マリアンはいつもどおりの冷静沈着な表情の中に自信すら覗かせていた。歌詞に小さなミスはあったが、難なく歌い切った。キャンドルの灯に照らされた部屋いっぱいに、彼女の見事な歌声がこだました。最後の曲が終わってシベリウスが突然立ち上がった。そして食堂に行くなり、メイドに向かって大声で言いつけた。

「シャンパンの用意を！」一同は先ほどのコーヒーのことなど、もうすっかり忘れていた。

まず最初に乾杯の音頭をとるために、シベリウスが立ち上がり、上機嫌で繰り返し賛辞を述べた。さらに「折角の素晴らしい声だというのに、我が家の天井はちと低すぎるようで」と惜しみない賛辞で迎えてくれたのである。彼が唯一口にした批判らしきものと言えば、「もっとマリアンらしさを出して。それからシベリウス色はぐっと抑えて」という示唆であった。

私たちはテーブルの周りに座った。すると何ということだろう、あのマリアンがシャンパンを口にするではないか。私はびっくりしてしまった。これまでアルコールはずっと控えてきた彼女であったが、シベリウス宅の和やかでうち解けた雰囲気の中で彼女はそんなことなどすっかり忘れてしまっていたのであろう。

シベリウス宅でのウィットに富んだ会話は創作活動や日常生活に関する広範な話題にまで及んだ。シベリウス夫人がマリアンの母や妹たちについて尋ねると、マリアンは嬉しそうな表情で家族のことや家庭について語った。シベリウスは特大の強い葉巻タバコをくゆらせながら、いかにも彼らしい語り口で過去にあった数々の興味深いエピソードを披露してくれた。

時の経つのは余りにも早かった。ふと気がつくと、シベリウスの葉巻もすでにお終いに近づいていた。マリアンと私は互いに顔を見合わせると、時計はもうおいとますべき時刻を示していた。それで私たちは夫妻に心よりお別れの挨拶をすると、もう再び二人して足を踏み入れることはないかも知れないという思いを胸にシベリウス宅を後にした。暗闇の中で車を走らせながら、私たちは二人とも大作曲家との面会はあっけないくらい短時間であったこと、また、二人の人生においてかけがえのない貴重なひと時が今ではもう過去の楽しい思い出となっていることを感じていた。

後にマリアンはヘルシンキでリサイタルを開く機会があった。ほんの束の間ではあったが、私たちは休憩時間に控室でシベリウスの訪問を受けた。そして彼に再会できたことで感激を新たにすることとなった。

この時のリサイタルで、マリアンは聴衆のアンコールに応えてフィンランド民謡を一曲披露した。その歌はセリム・パルムグレン［一八七八〜一九五一　フィンランドの作曲家、ピアニスト］の編曲でよく知られた作品であったが、彼女はそれを原語で歌った。私のピアノ伴奏が最初の数小節までできた時、この曲に気づいた聴衆は改めて座席に深く腰を沈めた。フィンランドの遙か彼方よりやってきた、国も人種も異なるこの歌手がフィンランド人の大好きなこの曲をどのように表現するのだろうか。聴衆は固唾《かたず》を呑んで待っていた。ホール内部の張りつめた雰囲気の中で、マリアンの両膝が小刻みに震え出した。強い意志の力で何とか持ちこたえると、彼女は歌い始めた。そして見事に歌い切った。わずかに最終樂句のところで息が足らなくなり、彼女は句の中途で息を継いだ。この曲はそれまでこのように歌われることはなかったが、息継ぎによる休止が適切な位置に入ったので、それがかえって歌詞の意味を美しく浮かび上がらせる効果を生んだ。そのとき私は熱いものが頬を伝ってくるのを感じた。そしてもう殆ど譜面を見ることができなくなっていた。

ピアノ伴奏の最後の音が聞こえなくなっても、聴衆は誰一人として動き出す気配を見せなかった。家族が夕餉《ゆうげ》の卓を囲んで感謝の祈りを終える時のような静寂の後に一瞬、間をおいて拍手の嵐が湧き起こった。拍手喝采は怒濤のごとく烈しく、それは未だかつて私自身聞いたこともない深い親愛の気持ちを示すものであった。マリアンのフィンランドでの大成功は間違いない、私はそう確信した。

コンサートホールの外では聴衆の一部がマリアンを出迎えようとして待ち構えていたので、私たちを乗せる車までたどり着くのはとうてい不可能であった。そこには警察官がただ一人立っていて何とか私たちの前方の道を開けようとしてくれたが、もうどうにもならないところまできていた。マリアンをひと目見ようとする者やマリアンの衣装に触れようとする者など、彼女の周りには大きな人垣ができていた。私たちが再び乗車を試みた時、マリアンの置かれた状況はとても危険であった。この時、彼女の黒いレースのガウンは記念の品にしようとした人によってひどく損傷してしまった。しばらくそのような膠着した状態が続いた後、私たちはやっとのことで車に乗り込むことができた。しかし、あいにく私は自分の足先を車のボディとドアの間に挟んでしまった。ちょうどその時、近くに立ち止まっていた屈強な男たちが数人で私たちの救出のために近寄ってきてくれたのだが、それでもうまくいかなかった。やっと他の警官たちが応援に駆けつけてくれたおかげで、あちこちで飛び交うマリアンへの声援が耳にこだまする中を車はゆっくりと動き出した。

こうしてマリアンはフィンランドの人々の心を掴んだのである。彼らはマリアンに好意を抱き、またこれから先もずっと敬愛の念さえ示してくれることだろう。

次のリサイタルがやってくる前に、私は警察本部長に電話を入れた。そしてマリアンの警護にあたる警官を八人ないし一〇人にしてほしい旨、要請した。本部長はこれを快く受け入れてくれ、私たちがあのような危険な目に遭うことのないよう協力を約束した。以後、フィンランドで開催されるマリアンのリサイタルは、いつも十分な警護の下で行われるようになった。

リサイタルはさらに五回を数えた。入場券の売れ行きは記録的な数字を示していた。会場のチケット売場は午前一〇時に開店するが、人々は前夜から列を作って待っていたのである。売り出しが始まって一時間も経たないうちにチケットは完売となった。私のもとには貧しい労働者から手紙が数多く寄せられた。それらの手紙によると、彼らは一日のきつい仕事を終えてからチケット売場に出向き、徹夜でそこに並んでいたが、やっと自分の番が来たときにはもう入場券は全席売り切れの表示が出ていた。他人に謝礼を払って列に並んでもらいチケットを購入した人も多かったらしい。人々は色々な手だてを考えたようだ。だが、それにしてもマリアンの歌唱を聴きたいと思う人々をすべて収容できるような大ホールでなかったのが、返すがえすも残念でならなかった。

フィンランド国立オペラの指揮者もそのような失望を味わった一人であったが、ある日のこと彼から私のところへ電話がかかってきた。

「マリアンのコンサートに行って、君のピアノ伴奏の譜めくりができないかなあ、コスティ？　マリアン・アンダースンの歌を聴きたいんだよ。でも、もう席なんか無いだろうね？」

「ああ、いいとも。僕の横に席を用意しておくから。でも、譜面に手を触れちゃ駄目だよ」

私の場合、自分のコンサートで譜めくりをする人が横にいるのは嫌であった。また他人の演奏会においても、そのような姿を見るのは好きではなかった。ピアニストの見栄えが良くないからである。譜めくりの人と言えば、私には何度かぞっとさせられた経験がある。その人たちときたら、譜面をめくるタイミングが早過ぎたり、逆に遅れたりするかと思えば前のページをめくったり、一度に二ページめくってしまったりと色々あった。しかし、今回は事情が大分違う。私はフィンランド・オペラの芸術監督として著名なこの男をマリアンの演奏会に何とかして入れてあげたかった。この監督はマリアンの演奏会に行けることを大いに喜ぶと、譜面には決して触らないことを私に堅く誓った。

さて、その夜のリサイタルは順調な滑り出しであった。私の傍らの椅子には腕組みをした友人の指揮者がいかにも心地良さそうに座り、両眼を半ば閉じてマリアンの歌唱に聴き入っていた。すると突然、楽譜の一枚がピアノの譜面台から落ちて私の背後に飛んでしまった。彼ならきっとこの事態を察してくれるだろうと思い、私は素早く目で合図を送った。しかし、ここぞという時に彼は一向に動く気配を見せなかった。悠然と座ったまま音楽に耽溺している様子で、わずか一メートル足らずのところに落ちている譜面をただじっと見つめるだけであった。とっさに私はアドリブで伴奏を付けたが、結局これを最後まで続ける破目になった。

休憩時間になってシベリウスがこのオペラ監督のところにやって来て言った。

「君は大した音楽家だよ。本当にあきれちまったね。だいたい君はじっと座ってるだけでさ、譜面なんかめくりはしないじゃないの。おまけに譜面が飛んでしまったというのに、君がしたことって何だい。ただじっと座って、うっとりしてるじゃないの。このばっかもんが」

「私が何とかしなけりゃならなかったただなんて。楽譜には絶対触っちゃいけないって、コスティからきつく言われていたんだから」

と彼はやり返した。結局、彼らは二人とも腹を抱えて大笑いしたのであった。

エドゥアルト・ハンスリック［一八二五〜一九〇四　オーストリア＝ハンガリー帝国の音楽評論家］は、あのドイツの大作曲家リヒャルト・ヴァーグナーのことを理解できなかったか、あるいは彼を受け入れることができなかったがゆえにエドゥアルト自身もその名を音楽史に刻むことになった。彼の名は依然として、批評家たる者は心して批評を書いたり発表したりするようにすべしという、いわば批評家に対して発せられた警鐘ともいうべきものの例であると言えよう。

ヨーロッパにおいて過去三十年間で音楽分野の最も鋭い評論は、スウェーデンのストックホルム在住の批評家の手によるものであった。彼の批評はその手厳しく皮肉っぽい論調にも拘わらず、生き生きと書かれていたがゆえに広範な人々から共感をもって受け入れられていた。どの演奏家もみな自分たちの演奏がこの批評家によってどんな風に書かれるのか、とても知りたがっていた。それは彼がお世辞で演奏家を持ち上げるような記事は決して書いたりしなかったからである。

この批評家はシベリウスに対しても辛辣なことを書いていた。スウェーデン北部の風光明媚なところに彼は住んでいた。その自宅近くの小都市でリサイタルを開催したときのことであった。リサイタルが終わって、私たちはこの著名な批評家を交えてホテルで夕食をとっていた。とても美味しいスウェーデン風ポンチ付きの夕食を終えたところで、丁度その二週間前に私たちがフィンランドにシベリウスを訪問していたこともあって、私は彼に挨拶状を出してはどうかと提案した。マリアンは私の考えにうなづくと、にこやかな笑みを浮かべた。ところが、批評家の方はいささか悲観的な口調で言った。

「私の挨拶なんかもらってもなあ、ジャン・シベリウスは決して嬉しくないと思うよ」

「いや、シベリウスという人は誰かの書いた批評に腹を立てたりする方ではないですよ」

と言って私はこの批評家を説得した。彼は微笑みながら私たちの寄せ書きに加わった。

ウェイターが用紙とペンを持ってきたので、マリアンは早速書き始めた。彼女の筆跡はだいたい丸みがあって女学生のそれを思わせる几帳面な字体であった。ところが、このペンは先端が細すぎるのか、なにせインキの出が悪い。手紙の書き出しからたちまち大きなインクのしみができてしまった。さらに何行か書いたところで、もう一つのしみができた。もう少し続けたところでとうとう三つ目となって、マリアンはもう必死であった。

「こんなにしみの付いた手紙、シベリウスさんに差し出すわけにはいかないわ」

私自身も彼女の考えに同感であった。ところが、批評家は言った。

「いや、やはりこのまま出してみましょう。インキのしみのことは私のせいにすればよいから」

そうして私たちはそれぞれが署名した。手紙の隣にはこのかしこまった批評家のメッセージが次のようにしたためられていた。

「貴方の作曲した心地良い北国の音楽に厚く御礼申し上げます。もし貴方という作曲家がこの世にいなかったなら、それら北欧の音楽はどうなっていたことでしょう？　ところで、これまで私が数々の汚点を残してきたのを貴方はすでにお気付きのことでしょう」

シベリウスに関してはこんなエピソードもあった。気持ちの良いある夏の日のことであった。シベリウスは生まれ故郷フィンランドの緑豊かな白樺の林の中を友人と二人で散策していた。二人は小鳥たちのさえずりに耳を傾けながら、森林の美しさと鏡のように平らな湖面をほれぼれと眺め、そして太陽の輝きや自然の美を讃えていた。小鳥たちはそれぞれが喜びの歌をさえずっていた。そのとき突然、頭上高く一羽のカラスが飛んで来て白樺の梢に止まった。それは大きい真っ黒なカラスで、ただただ単調にカ～、カ～という鳴き声を繰り返していた。

「あれこそ批評家だ！」

とシベリウスは大声で言った。

シベリウスのこの短い言葉の奥深いところに重要な真実が含まれているのであった。

もう一つシベリウスの言葉から引用すると、彼はテーブルを挟んで若い作曲家に語りかけていた。この若手作曲家は巨匠の交響曲第二番を大いに持ち上げていたが、最後に付け加えて言った。

「やはり、第二楽章の中の何小節かは書き改めた方がよいと思いますが」

少し間をおいて、大作曲家はその若手作曲家の批判に対して諭すように答えて曰く、

「君はねえ、ロンドンの船会社キュナード・ラインを訪ねて、そこの船舶が大西洋をこのように航行すると良いですよ、なんて言ったりするかい？」

これからお話しする三つ目の出来事は、批評家の中にはとんでもない的外れの輩がいることを示すものである。ある日の朝、私はホテルで大新聞のコラムに目を通していた。その記事は明らかにある批評家の書いたものであった。記事の内容はミス・アンダースンのドイツ語の発音がお粗末であったために、その歌唱を聴衆の誰一人として理解できなかった……云々というものであった。これには私も唖然として怒りがこみ上げてきた。この批評家に対して、あの記事は一体どういうことなのか確認を求めようとした矢先に電話が鳴った。マリアンからであった。何人か新聞記者がインタビューに来ているので、ホテルのロビーまですぐ降りてきて欲しいという要件であった。私は直ちに降りていくと、記者らに紹介された。彼らの名前の中にマリアンのドイツ語云々というあの批評記事を書いた人物のものがあったような気がした。私は彼の書いた記事に

ついて、その真意を確かめるべく発言の機会を窺っていた。

詰めかけた報道陣からは次々と質問が浴びせられたが、最後に例の男がマリアンに対して尋ねた。

「なぜ貴女はシベリウスの曲を原語で歌わないのですか？　ドイツ語で歌う理由は何でしょう？」

「えっ、ドイツ語だって？」

と私は彼の質問を遮った。

「そう、ドイツ語ですよ」

と彼は真顔で答えた。そこで私はすかさず言い返した。

「ああ、なるほど。貴方の言わんとすることが分かりましたよ。しかし、あの歌は原語のスウェーデン語で歌われたんですよ。失礼ながら、貴方はドイツ語がよく分からないようですね」

彼はパッと顔を赤らめると、これには答えずにさっとどこかへ消えてしまった。

一九三九年に私が独りでシベリウスを訪問した際に、彼はマリアンの演奏会のレパートリー用としてたくさんの曲を紹介してくれた。さらに、彼はマリアンのために心を込めて作曲した「独居［Solitude］」という曲を献呈してくれた。それから彼が言うには、レコード化された自分の曲はすべて聴いており、現存するシベリウスの作品を収めたレコードの中では、マリアンの歌っている「やって来い、死よ［Come away death］」が最良のものだそうである。

当時、彼は冬に備えてヘルシンキの新しいアパートに転居する計画を立てていた。彼は私たち二人が秋になって再びこの地を訪れる予定であると知って嬉しそうな表情を見せた。それで私たちの訪問によってもう一度楽しい一時を過ごすことができるように、私たちを招待してくれたのである。私がシベリウス宅をおいとまする際に、彼は「さようなら」ではなく、ただ「また今度」とだけ言った。それからその時の彼の最後の言葉が「僕は待っているから、またすぐにやっておいで。今度はマリアンも一緒にね」であった。

とは言え、私たちには秋までリサイタルの予定はなかった。折しも政治情勢は刻一刻と悪化し、ヨーロッパ中に銃砲の鳴り響く情勢となった。シベリウス再訪という私たちの切なる願いも今や過去のものとなってしまった。しかしながら、彼が残してくれた「あなた方のために我が家の玄関の鍵はいつも開けておくからね」という言葉は、依然としてマリアンと私の耳の中でこだましていた。あの楽しかりし日々が再び私たちのもとにやってくるのは果たして何時になるのだろうか?

フィンランド演奏旅行

ストックホルムからヘルシンキに向かう際に、マリアン・アンダースンは初めて空の旅を体験した。それまで彼女はずっと航空機を嫌がっていた。本当に恐ろしいと思っていたわけではなく、ただ単に空を飛ぶのが嫌だったのである。ちょうど船に乗ると彼女はすぐ船酔いになってしまうように、彼女が航空機にも酔いやすいことは今までの経験が物語っていた。そんな事情もあってか、彼女はいつも好んで鉄道の旅を続けていたのである。

私たちがストックホルムを飛行機で出発する時、空には太陽が明るく輝き、躍動的な白い夏雲が浮かんでいた。緑豊かな木々の生い茂る島や赤色に光り輝く花崗岩の島など無数の島々から成るフィンランドの群島を眼下に見下ろすこの飛行ルートほど面白く、そして楽しい旅路は他に例を見ないほどであった。島々の形状は変化に富み、見事な景観を呈していた。深海の色、生い茂った森林の緑、あたかも泡だった柔らかな手が硬い石を包み込むように花崗岩にぶち当たっては砕け散る波しぶきの白など、色彩豊かな空からの景色を私たちは満喫した。

さらに飛行を続けると、雲は次第に厚みを増し、たちどころに美しい地上の景色を私たちの視界から奪い去った。私たちは眼下のはるか下方の分厚い雲海を見下ろし、頭上には真っ青な空を仰ぎ見ながら果てしない空を漂っていた。機体の黒い影が雪のような純白の雲の上に映し出されているのをはっきりと見ることができた。その小さな影の周りには、素晴らしい七色の虹がまるい弧を描いていた。その七色の虹を映し出している屈折して反射した光が形作る円弧は、ただただ見事というほかない素晴らしい光景であった。

マリアンはしばしの間、この珍しい光景に見とれていた。そして私たちの飛行機の後をぴったり追いかけてくる小さな影をいつまでもいつまでも目で追っていた。すると突然、沈黙を破って彼女が語りかけてきた。

「私ね、今やっと分かったような気がするわ。もし善良な神がこの地上に存在する不幸を見たくないなら、神は雲をつかみ、それで覆い隠してしまわれるでしょう。しかし、人間の住むところにはいつも黒い影がつきまとうものなんだわ」

真顔でつぶやいたマリアンのこの言葉は純真で信心深い彼女の気持ちと同様に、彼女の深く誠実な気持ちの表れでもあった。

マリアンと共にしたストックホルムとヘルシンキを結ぶ空の旅の思い出はその他にもあった。このとき飛行機は満席で飛んでいた。視界は濃霧によって遮られ、本来なら眼下に見えるはずの群島、海、虹といったものはまったく見ることができなかった。

時計に目をやると、ヘルシンキ到着の予定時刻はもうとっくに過ぎていた。操縦室のドアの隙間からパイロットらが神経質な表情を浮かべて作業を行っているのが見えた。何やら航空機の正確な位置を計測している模様である。とうとうモーターの回転速度が落ちていくのが聞こえてきた。そして飛行機はみるみる降下し始めた。

それでもまだ乗客の多くは冷静さを失っていなかった。しかし、航空機に搭乗して霧の中を飛んだことのある乗客なら、着陸の時が大変危険であることぐらいよく分かっていた。ヘルシンキ・ラジオ放送局のアンテナ塔がちょうど機体の前方に見えたその瞬間から一転して、乗客らの表情は恐怖でみるみるこわばっていった。パイロットは素早く機首を引き上げた。私自身は一瞬息が止まってしまったような気がして、まったく生きた心地がしなかった。乗客の多くは死を覚悟したに違いない。もはや私にはマリアンの顔の表情を確かめる余裕などなかったが、彼女はなんとあの恐怖の瞬間に膝を抱え込み、不時着の際の姿勢を取っていたそうだ。

飛行速度を回復できないまま為す術《すべ》もなく、飛行機はラジオ放送局のアンテナ塔の先端すれすれのところまで降下したが、間一髪で激突を免れた。しかし、今度は木々が接近してきた。機体が樹木の先端をかすめた時、翼が木の梢に打ちつけられてバリバリッという音が機内まで届いた。パイロットは機体の高度を回復するために、機首をさっと上方に向けようとした。だが、どうしても上手くいかなかった。遂に来るべき時が来た。海上への不時着である。着水の瞬間、波が視界に飛び込んできた。その後どうなったのか私にはもう分からなかった。私たちの足が再び大地を踏みしめたとき、もう一度ほっと安堵の息をついた。そして体中の力がいっぺんに抜けてしまうのを感じた。たまたま乗り合わせていたヘルシンキ市長もミス・アンダースンのところへ祝福のために駆け寄ってきた。そしてこの恐ろしい体験をやっとのことでくぐり抜け、無事に生還できた喜びを皆で分かち合った。

フィンランドではヘルシンキの他に、人口わずか数千人の小さな町でもリサイタルを開催した。コンサートホールはいつも大勢の聴衆で一杯であった。私たちは先のフィンランド戦争で廃墟と化した町、ヴィープリにもやって来た。

［フィンランド戦争：一九三九年一一月、ソ連が不可侵条約を破ってフィンランドに侵攻した結果、フィンランドは制圧され、東部のヴィープリおよびカレリアを割譲。国際連盟はソ連を除名した。第一次戦争又は冬戦争と呼ばれている］
［ヴィープリ：現在はロシア領レニングラード州のヴィボルグである］

クオピオで私たちはソリを使って小高い丘に登った。そこに建っている塔から見下ろす眺望は大変素晴らしく、感動的なものであった。木々はすっぽりと雪に覆われ、その雪の重みで枝は緩やかにしな垂れていた。北の空には見事な濃い青紫色の雲が浮かび、それらは地表近くまで垂れ込めているように見えた。一方、南の空には明るい太陽が純白の雪を照らし、それはあたかもキラキラと輝く無数の小さなダイヤモンドで覆われているようであった。この珍しい光景によって、私たちはまるでメルヘンの世界に住んでいるような錯覚に陥るのであった。

私たちはフィンランド中央部にあるユヴァスキュラという町にやって来た。この町で一番大きな教会でのリサイタルである。教会の中はまだ私たちのリハーサルが続いていた。すると何やら地下室がざわめき、人の気配を感じた。驚いてそちらの方に目をやると、突然一人の政府高官が私たちのいるパイプオルガンの設置されたバルコニーに現れた。私たちはその日ここで行うリサイタルのプログラム曲を順々に復習《さら》っているところであった。彼は私に向かってそっと囁いた。

「もし差し支えなければ、ほんのしばらくで結構ですから、聴かせていただけませんか？　実はちょうどいまスヴィンフヴード［一八六一〜一九四四］大統領一行が階下に来ておりまして。どうかそのまま練習をお続け下さい」

大統領の一行は静かに席についた。ミス・アンダースンは他人に聴かれていることなど特に意識することもなく淡々と歌った。練習を終えて私はオルガンの蓋をそっと閉じた。マリアンは傍らの毛皮のコートを手に抱え、私たちが立ち去ろうとしていたところ、大統領の補佐官が再び現れた。彼はリハーサルが終わったら階下に降りてきてご対面願いたいという大統領の書状を私たちに手渡した。私たちはロビーを通り抜けて大統領の待つ教会堂に行かなければならなかった。

リハーサル中の自分の服装が大統領との対面にはあまり相応しくないように感じて、ミス・アンダースンはとても気がかりであった。それで彼女は教会堂の中へ決して入ろうとはしなかった。何と言って説得しても彼女は応じてくれなかったので、やむなく私は大統領に事情を説明せざるを得なくなった。大統領はわざわざマリアンのいるロビーまでやって来ると彼女とひとこと言葉を交わし、彼女の歌唱に惜しみない賛辞を贈った。それから大統領は自分たちが市のはずれにある武器工場の視察に来ていたこと、そして一行の車がこの教会の近くまでやってくると、教会堂の中で鳴り響く美しい歌の調べが聞こえてきて驚いたこと、それで気になって車を止めると、あれほどまでに素晴らしい歌唱の主は一体誰なのか知りたくなって、つい教会の中まで入ってきたこと等々を説明した。

大統領がマリアンに語りかけた最後の言葉は次のようなものであった。

「アンダースンさん、今まで私は色々な方々の歌を聴きましたが、中でもたった今ここで聴かせていただいた貴女の歌は最高の演奏でしたよ。真冬の雪にすっぽりと覆われたこの静かな教会で、このような類い希な美しいものと遭遇できるなんて信じられないことでしたからね」

マリアンと私にとっても、このような名士たちを前にした予期せぬリハーサルはまったくの初経験であった。


一九三四年の時点で、それまで北欧諸国でマリアンが行ったコンサートの回数の総計は数百回に及んでいたが、その間ミス・アンダースンは二回の夏を北ヨーロッパで過ごした。一回目の夏はフィンランドで、あと一回はスウェーデン沿岸から遠く離れた小島であった。文明社会から隔絶され絵葉書の写真のように風光明媚な島であったが、そこにエンワル夫妻の自宅があった。ここで彼女は近隣の島々を小舟で巡り、大きな魚を釣り上げては新鮮な海の幸で食卓を囲んだ。そうした漁師のような生活を彼女は大いに楽しんだのであった。

その後の比較的長い仕事休みの折りに、エンワル夫妻の招きで再びスウェーデン滞在の機会を得た。今度は厳しい冬の季節であった。……この時の休暇は彼女にとって、それまでで最も楽しいクリスマス休暇のうちの一つであったと、後にマリアンはしばしばそのように述懐している。

クリスマス・イヴに人々はみな教会を訪れる準備をしていた。この辺りでは教会も遠隔地にあるため、教会まで行くこと自体にちょっとした小旅行の趣があった。雪はとても深く、馬に引かせるソリが仕立てられた。私たちは毛布の間に心地良くくるまると、ソリの上に何層にも敷き詰められた分厚い干し草の上に腰を下ろした。そして暖かい毛皮の帽子を耳まですっぽりかぶると、長いウールのスカーフで顔を覆った。私たちの出で立ちで一番目につくのが赤みを帯びた鼻である。しばらくして私たちは教会に向けて出発した。途中で私たちと同じ方向を目指して進むソリの一行に何度か遭遇した。

高い切妻屋根の小さな教会がひっそりと雪に包まれていた。教会のすべての窓は明るいキャンドルの灯りでキラキラと輝き、何人に対しても温かい手を差し伸べてくれているかのようであった。この小さな教会の建物の周りに埋められている墓石に刻まれた死者の名前は、雪と氷のために殆ど識別することはできなかった。それでもなお、私たちは墓石と墓石の間にできた小径に沿って進んで行くことができた。すでに生を終えたかつての友人たちと共に過ごした佳きクリスマスの日々を思い起こすために、人々はここへやって来たのである。

マリアンと私はひっそりと静まり返った墓地の周りをゆっくりと散策した。すると、そこにはまだ墓石が埋められずに、上部が開いたまま砂と雪に覆われた墓が目にとまった。墓穴の内壁には緑色のモミの小枝が供えられていた。墓穴は究極の安らぎを探し求める人々を優しく招き入れているかのように思われた。小径をはさんで反対側には最近、上端が閉じられたばかりの真新しい墓があった。その墓石の上には生花と枝葉が供えられていた。深緑色の葉は造花のように見えた。花は凍結していたが、真冬の寒気に応えるかのように、依然ほのかな香りを漂わせていた。

オルガンの賑やかな響きに包まれた、この明るく輝く教会の中に感謝の念をもって入って行く時、私はふと死の世界からより良い世界にやってきたような思いにとらわれた。楽しい教会での行事が終わると、人々は皆それぞれの家路についた。雪明かりの硬い路面を馬の蹄《ひづめ》の伴奏に合わせて、鈴の音がいかにも楽しげに響きわたった。次々にソリが滑っていくと、各々のソリに取り付けられた松明《たいまつ》に照らされて、雪に覆われた沿道の街路樹には風変わりなシルエットが映し出されていた。お伽話の中から突然飛び出てきたような姿形が私たちの周りで踊りだした。辺りを飛び跳ねる小さなサンタクロース、とてつもなく大きな手を一杯に伸ばした巨人たち、居眠りをする熊とその頭上で戯れるネコ、その横に並んで王子の出現に期待をふくらます白いヴェールをまとったスリムな王女等々の投影された小さな姿形を見ることができた。遠方からはこの長く連なるソリの行進が、あたかもキラキラと光る大蛇が森の中を曲がりくねりながら進んでいるように見えたに違いない。

エンワル氏の家に戻ってくるなり、私たちは皆どっとばかりに暖炉の方へ飛び込んでいった。そこにはクリスマス用にくべられた大きな薪がパチパチと烈しい音をたてて燃えていた。そこでしばらく暖をとった後、私たちは美味しい夕餉《ゆうげ》の卓を囲んだ。この夕食にはクリスマス・シーズンにスウェーデンではどこの家庭でも飲まれるグロッグと呼ばれるワインが添えられていた。このワインを口にしたことで、すっかり出来上がった私たちはみな浮き浮きした気分になっていた。

この至福の時を思い浮かべるとき、マリアンの目は光り輝いていた。あの輝かしいクリスマスの折りに彼女がそうであったように、この世の人々がみな何不自由なく幸福に暮らせることをマリアンは心より願っているからである。

刑務所でのチャリティコンサート

私たちの仕事上のつき合いが始まって以来この十年間のうちに、ミス・アンダースンはもう幾度となくチャリティ・コンサートを開催していた。中でも特筆されるのがエチオピア赤十字のための慈善コンサートで、これはイタリアとエチオピア間の戦争［一九三五年一〇月三日〜一九三六年五月五日まで続いた結果、イタリアがエチオピアを併合した］が続いている時にストックホルムの王立歌劇場で開催されたものであった。会場には各界の著名人ら錚々たる顔ぶれが多数姿を見せていた。もう一つ、パリのオペラ座で行われた慈善コンサートも大変意義深いものであった。ミス・アンダースンはフランス政府の勲章でも高位にあるレジオン・ドヌール勲章［ナポレオン・ボナパルトによって一八〇二年に制定されたフランスの栄典制度における最高位の勲章］の綬与を約束されていた。しかしながら、当時フランスがドイツとの間で不穏な政治情勢［ドイツは第一次世界大戦に負けた後、ヒトラーのナチス政権が国際連盟を脱退し、ヴェルサイユ条約に違反して再軍備宣言し、ラインラントに軍隊を進駐させた」にあったがゆえに、あの小さな赤いたすきは彼女に授与されるには至らなかった。そして母国アメリカにおいて彼女は自身の演奏会の合間にフィンランド戦争救済のための慈善大演奏会を開催し、その収益はハーバート・フーヴァー［一八七四〜一九六四　米国第三一代大統領］委員会を通じて寄贈された。このコンサートは一九四〇年五月にブルックリン音楽院で行われた。それからまたミス・アンダースンはしばしば病院にも慰問のために訪れている。

慈善リサイタルと言えば、デンマークの刑務所で行った時のことがすぐ頭に浮かんでくる。その刑務所はデンマークのとある小都市の郊外にあった。この刑務所のことは以前より話に聞いていたが、そこには終身刑の宣告を受けた刑事犯のみが収監されていた。私たちのスケジュールに空いた日が数日あったので、私はマリアンにこの不幸な人々のために出向いてリサイタルを開いてはどうかと提案した。刑務所の所長に連絡を取ったところ、彼はこの申し出を快く受け入れてくれた。

早速、その翌日に私たちは車で訪問することになった。車が刑務所の一角に近づくと、うら寂しい黒ずんだ大きな建物が何棟か目に付いた。厳重に監視された大きな鉄扉の門のところまでやってくると、重い扉がさっと開かれた。そして私たちの車が構内に乗り入れると、鉄の扉は直ちに閉じられた。ここの所長の居宅のあるアパートメントに通じる入口のところへ行くために、車はさらにもう一つ別の門を通り抜けて行かなければならなかった。所長は私たちに向かって丁重に挨拶をすると、マリアンのリサイタルの準備はすでに万端整い、演奏は刑務所内の教会で行われることを告げた。教会は小さく、すべての受刑者を同時に収容することはできなかった。そこでまず彼らを二組に分け、演奏プログラムも各々二〇分ずつ行うことになった。

最初のグループは後のグループよりも比較的軽い犯罪歴の受刑者で構成されていた。定刻きっかりにマリアンと私は暗い回廊と厳重に警備された扉を幾つも幾つも通り抜け、祭壇のそばの教会堂につながる小さな扉のところまで案内された。一方の側にアップライトピアノが一台置かれていた。

私たちの予想に反して、聴衆はみな清潔で身なりの良い男たちばかりであった。ミス・アンダースンに注がれた彼らの眼差しには並々ならぬ好奇心が表れていた。

リサイタルのプログラムが始まる前に、所長がステージの前に進み出た。彼はミス・アンダースンについて簡単な紹介を行い、こうして彼らの前で歌えることを彼女がとても嬉しく思っていると述べた。そして所長はスピーチの最後に、この教会堂の慣例によって拍手は一切してはならないことを彼らに伝えた。

こんなに行儀が良く物静かな人たちがみな終身刑という重い犯罪歴の持ち主であるとは私たちには俄かに信じ難いことであった。しかし、そんな彼らの心中を誰がうかがい知ることができようか？

彼らの表情には一曲ごとに微妙な変化が生まれた。とうとうプログラム最後の曲となり、ミス・アンダースンが一風変わった小品「カッコウ［Cuckoo］」を歌った時には、会場にどっと大きな笑いが生まれた。このユーモラスな歌は彼らに大変受けたようだ。彼らの声援たるや大変なもので、彼らを鎮めようとしても、もうどうにもならなくなってしまっていた。

所長が前に進み出て手を挙げて制止したところ、受刑者の一人が大きな声で「私たちはアンダースンさんのために、これから歌わせていただきます」と言った。看守の一人が傍らのピアノの上に譜面を置くと、私にピアノ伴奏を促した。おもむろに私は彼らがいかにも楽しげに歌う有名なデンマークの歌に伴奏を付けた。彼らの歌が終わって別のグループとの入れ替えが行われている間、マリアンと私は所長の居宅に案内された。

しばらくして、私たちは先ほどとは別の方角にある陰鬱で薄暗い回廊と重苦しい鉄扉を通過して、再び教会建物まで戻ってきた。別の小さな扉から教会建物に入ったところ、今度はさっきのグループとはまったく雰囲気の異なる男たちの出迎えを受けた。彼らのいかにも邪悪で険しい顔の表情は、一見して極悪犯たちのグループであることを物語っていた。陰険で睨みつけるような彼らの眼差しに一片の感謝とか感激の表情を見出すことはできなかった。バルコニーや通路には銃を手にした見張りが警戒にあたっており、非情な囚人たちのどんな些細な動きにも決して目を離すことはなかった。

この囚人たちがマリアンの歌唱に感動したかどうか、その外見からは容易にうかがい知ることはできなかった。彼らの顔面の筋肉はピクリともせず、まったくの無表情であったからだ。彼らの顔から人間らしい表情が失われて久しいことは明らかであった。しかし、可愛らしい小品「カッコウ」の歌は今度も大喝采を浴びたけれども、それには微笑みとか喜びといった表情は伴っていなかった。この囚人たちは堅く閉ざした自分たちの心のどこかに残されている人間らしさを必死に呼び覚まそうとしているかのように思われたが、それでも私には何ともやりきれない騒がしさであった。

彼らからも前のグループの時と同様に、ミス・アンダースンのために歌いたいとの申し出があった。今度のグループの歌は前のグループのそれとは大分異なる印象を受けた。彼らの歌には力強さと緊張感がより一層みなぎっていた。嵐のごとく荒れ狂う侮辱の海でうねりをあげる波のような荒々しい彼らの歌声によって、私のピアノ伴奏は完全にかき消されてしまった。

銃口を上に向けて構えた看守たちが両側に立って警戒に当たる中を、私たちは中央の通路から出口へと向かった。重い鉄の扉がゆっくりと開いた。そして私たちが外に出たところで、扉は直ちに閉められた。

ミス・アンダースンがそっと「主よ、彼らの心を救い給え！　そして私たちの心を救い給え！」と呟いたとき、その口元から深いため息が漏れた。

第二章　ヨーロッパおよび南アメリカ歌の旅

レニングラード
エストニア
ラトヴィア
モスクワ
ソヴィエト社会主義共和国連邦
ーランド
キエフ
ハリコフ
ウクライナ
ミネラリヌィエ・ヴォーディ
キスロヴォツク
カスピ海
ヴラディカフカース
バクー
オデッサ
ァキア
コーカサス山脈
アゼルバイジャン
グルジア
ハンガリー
ヤルタ
バトゥミ
黒 海
トビリシ

ヨーロッパ全域（1935 年）

アフリカ（1937 年）

南アメリカ（1937 年）

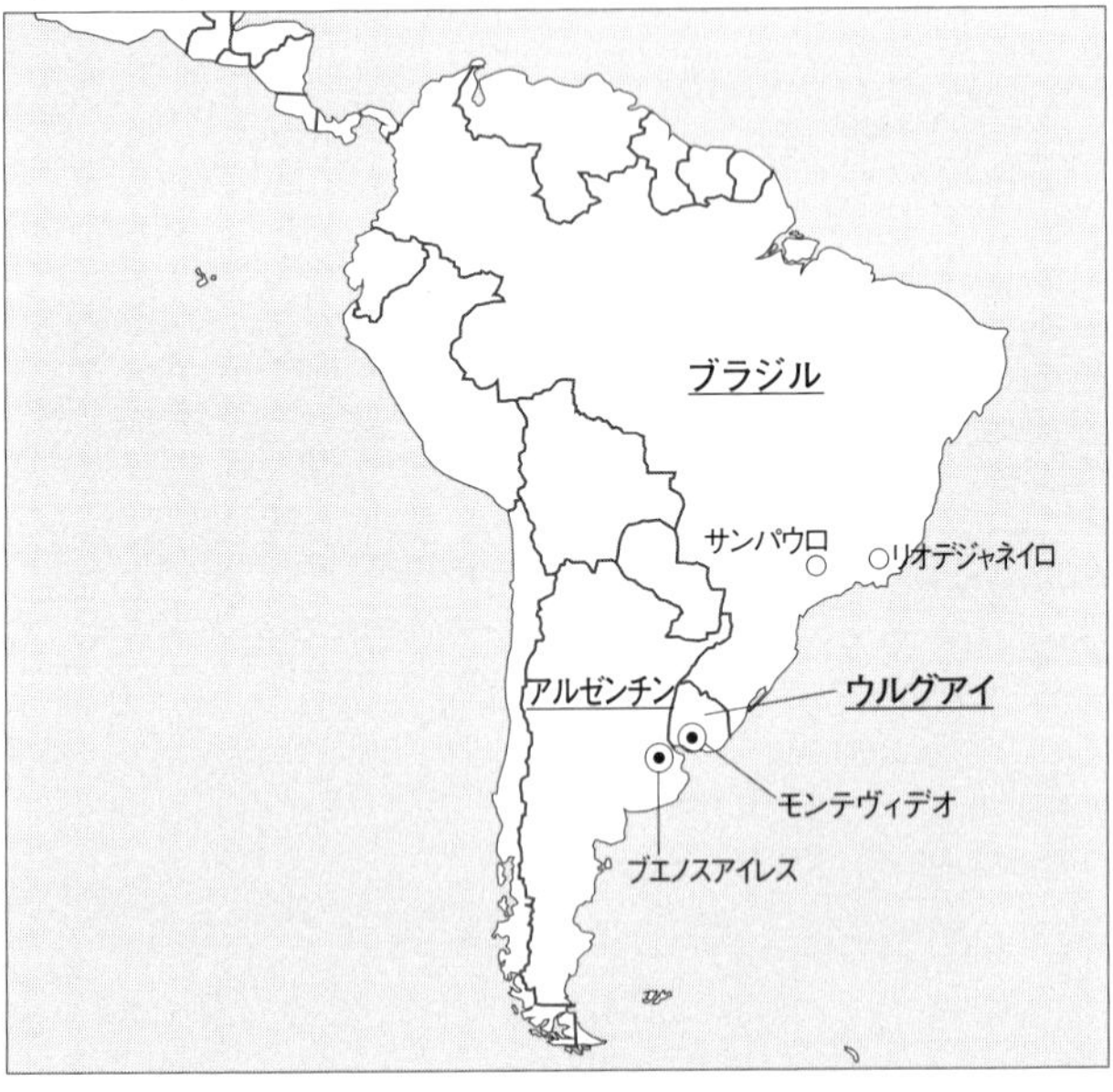

ヨーロッパツアーのはじまり

私たちのヨーロッパ・コンサートツアーでミス・アンダースンはフィンランド、ノルウェー、デンマーク、スウェーデン、オランダ、ベルギー、イギリス、フランス、スペイン、イタリア、スイス、チェコスロヴァキア［一九一八～一九九二まで存在した国で、現在はチェコとスロヴァキアに分離独立］、ポーランド、オーストリア、ハンガリー、ラトヴィア、エストニア、ロシア等の国々でリサイタルを行った。

公演で訪れたすべての都市の中では、ロンドンの聴衆を魅了するのが一番難しいというのが彼女の実感であった。その理由を説明するのはとても難しい。声の調子はいつも良かったし、演奏曲目もイギリス人の気に入りそうな曲をちゃんと用意したつもりであった。強いて言えば、原因はマネージングと恐らくは現実に聞こえてくるものでさえなかなか信じようとはしない、そのようなイギリス人の保守性にあるのではなかろうか。

ミス・アンダースンのロンドンにおける最初のリサイタルは、事前に十分な公演計画が練られていたとは言い難いものであった。かなり小さなホールでのリサイタルであったが、彼女のように世界的な名声を約束された才能豊かな演奏家に相応しい受け入れ準備というものが種々の点で不十分であったことは否めない。ロンドンには計三回訪れ、切符の売り上げは毎回増加していたのに、その後に出演したクイーンズ・ホールのときでも残念ながら完売までには至らなかった。

スイスでは最高に恵まれた時を過ごすことができた。ここで私たちは素晴らしいフィンランドの外交官ルードルフ・ホルスティ氏と知り合った。彼は一九一八年米国においてハーバート・フーヴァー氏の下で、フィンランド人救済活動で果たした役割を通して米国の一般大衆にもよく知られた人物であった。ミス・アンダースンとホルスティ氏の友情は彼女がスイスのジュネーヴで最初のリサイタルを開催した直後に始まった。その時のリサイタルで彼女がフィンランド民謡の小品をフィンランド語で歌ったところ、その出来栄えの素晴らしさに感激したホルスティ氏は、リサイタルが終了するや彼女の控室に飛び込んできた。彼は目にうっすらと涙を浮かべマリアンに歌の礼を述べた。彼にしてみれば、自分の母国の歌が外国人の歌手によって完璧な発音で歌われるのを耳にしたことで、大変感激したのであった。

リサイタルのあったその夜、彼は公使館に私たちを招待してくれた。彼の話では、マリアンのリサイタルを聞きに来ていた名士たちの幾人かにも声を掛けてくれていた。彼はご馳走を用意できるかどうか分からないけれども、シャンパンならふんだんにあるからと言っていた。私たちが公邸に到着後しばらくして、いざサンドイッチを作ろうとした矢先に、ホルスティ氏はパンが無いことに気づいて少々あわてた。それでも一向に動じる風でもなく、いかにも洗練された物腰で

「ごめんなさい。何もありません。今すぐにお出しできるのはほんの僅かなものしかないのです」と言うと、さっと外に飛び出した。そして車でジュネーヴ市内のレストランを巡り、大きな籠を両脇に抱えて戻ってきた。

これまでもう何度も各地のフィンランド公使から招待を受けたが、私たちが訪れた国々に駐在するフィンランド公使の方々からはいつも心温かく迎えられた。どのフィンランド公館においても、私たち二人はそこで我が家同然のくつろぎを感じることができたが、マリアンはそこで出会った人々の幾人かとはずっと変わらぬ親交を結んだのであった。

私たちのヨーロッパ演奏旅行中、米国公使館からの招待はただの一箇所で計二回であった。しかし、いささか配慮に欠けているとの私たちの思いも、後年マリアンがローズヴェルト大統領［一八八二～一九四五　第三二代米国大統領］夫妻からホワイトハウスに招かれたことで、こうしたこだわりは随分と解消されたのであった。その時の大統領夫妻によるもてなしや深い心遣いがマリアンの心に彼らの感謝の印と映ったのであった。

ジュネーヴでマリアンのリサイタルが行われたちょうどその頃、当地では国際連盟の制裁委員会が開催されていた。そんなこともあって、ホルスティ氏の主催する夕食会には著名人の姿も大勢見受けられた。唯一招かれなかった有名人と言えば、ロシアの人民委員であるリトヴィノフ氏［一八七六～一九五一　旧ソ連の外交官］であった。しかしながら、ホルスティ氏は私たちにロシア演奏旅行の予定のあることを知ると、ミス・アンダースンがリトヴィノフ氏に必ず面会できるよう何とか仲介の労を取ってくれたのである。

面会の時間と場所については、それから数日後の昼の一時を少し回った頃にリトヴィノフ氏の滞在するホテルでということに決まった。私たちは約束の場所で定刻きっかりにこのロシア人外交官が現れるのを待った。しかしその日、彼の到着は遅れていた。私たちはじっと待ち続けた。ホテルのウェイターが言うには、リトヴィノフ氏自身の主催による大昼食会がここで予定されており、招待客もみな昼食会の始まりを待っているところであった。それからおよそ四〇分が経ったであろうか、向こうの方から中背でややずんぐりしたリトヴィノフ氏のやってくる姿が見えた。彼はいかにも慌てふためいた様子であった。昼食会の催されている部屋を目がけてそのまま一気に駆け込もうとしているところを見ると、彼が私たちとの約束を忘れているのは明らかであった。ホルスティ氏は宴会場の入口の前で二度もリトヴィノフ氏の行く手を遮り、私たちとの約束を思い出させようとした。すると、リトヴィノフ氏はホルスティ氏の脇をすり抜けて行くのは不可能と見ていったん立ち止まった。そして赤毛の頭髪を振り乱しながら少し生温かい手を差し出すと、気の抜けた握手をしてきた。彼は私たちの方に向かって、自分がロシアに戻っているときはいつでもモスクワでお目にかかりましょうと言ったのであったが、その後に私たちが彼に一度も会っていないことは言うまでもない。

マリアンはこのことでホルスティ氏から強く求められたので、彼女の観たところを述べた。フィンランド人に最も特徴的なことはその決断力にあり、いったんこうと決めたら誰も、たとえあのロシアの外交官であっても、それを変えることはできなかったと思うと述べた。

ジュネーヴ滞在中のある夜、外国記者クラブの面々と共に私たちは市当局主催の晩餐会に招かれた。その席で多くの賛辞がマリアンに対して寄せられた。私は人目に付かぬようそっとマリアンのつま先に触れてそれらに応えるよう促すと、彼女はすぐさま感謝の意を込めて答礼のスピーチを行った。

色々なところで行ったマリアンのスピーチを書き留めておけるだけの速記能力が私にあったらよいのに、と思うことがよくあった。そうしたマリアンのスピーチの数々をここに紹介することができないことを私はとても残念に思う。彼女はとても話し上手であり、即興でスピーチを求められても、話をほど良い長さにまとめることができる人である。中でも私の頭にすぐ浮かんでくるスピーチの骨子は、人種的偏見を受けたという意識もなくごく自然に、殆どすべてのヨーロッパ諸国において好意をもって迎えられた一人の米国黒人として自分の心の内に刻まれた感情について述べたものであった。

その当時、私たちはジュネーヴのリフォメーションホールに何度も出演していたこともあって、彼の地ではよく知られた存在になっていた。ところで、このホールというのは国際連盟の成立後、最初の会議が開催された場所であることを付記しておきたい。コンサートが行われている間、演奏家の控室の入口で番をしていた一人の老婦人と私たちはとても親しくなった。ある時、コンサートの休憩時間に私たちの友人である数人が何とかしてマリアンの控室に入ろうとした。だが、この頑固な老婦人はその特権を行使して取り次ぎを断固拒否した。そして彼女は私たち二人を自分がどんなによく知っているか、そしてマリアンを敬愛していることをその人たちに向かってとうとうと言って聞かせるのであった。さらに相手に印象づけるために、マリアンに関する色々な事柄についてこと細かく説明を加えた。しかも、それらはすべて彼女の想像力の産物であったのだが、後にこのことを知った私たちは呆れて大笑いしたものである。

私たちはジュネーヴの素敵なホテル、ボー・リヴァージュでの滞在を心ゆくまで楽しんだ。このホテルにはかつて美貌のオーストリア皇后エリーザベト［一八三七〜一八九八］が滞在し、またここで殺害されるという悲惨な運命を迎えた。このホテルからの眺望は実に見事なものであった。青い湖面には風を受けて白い帆を一杯に張った船が浮かび、さらにその向こう側には雪を頂く雄壮なヨーロッパ・アルプスの山々が連なっていた。中でもひときわ高くそびえ立つのがモンブランであった。言葉では尽くしがたい見事な眺望に私たちは飽くこともなく、見とれるばかりであった。

折しも開催中の国際連盟の会議に参加していた各国代表団のメンバーでホテルは慌ただしい雰囲気を見せていた。その中には英国のアンソニー・イーデン［一八九七〜一九七七　外務大臣や首相を務める］の顔も交じっていた。

パリのオペラ座やその他多くの歌劇場と同様に、ジュネーヴのオペラハウスも客演アーティストとしてマリアンの招聘にとても熱心であった。ヨーロッパの様々な歌劇場からは彼女が必要と考えるなら、リハーサルは希望通り何回でも行うからと破格の出演契約の申し出があった。そしてさらに彼らはマリアンのために歌劇場のドアはいつでも開けて待っているからとも言ってくれていた。しかし、そのような至れり尽くせりの好条件にも拘わらず、マリアンはいつも断り続けていた。それでもせめて一度はオペラの舞台に立ってみたいという思いをマリアンが完全に捨て去ったとは私には到底思えなかった。

彼女の気持ちの中にはコンサートからオペラの舞台へと踏み出すにはまだ時期尚早だと言わせるものがあって、それでつい断ってしまうのだと彼女はいつもそう言っていた。しかし、私にはそれ以外の理由も思い当たるふしがあった。彼女は初対面の人と一緒に仕事をするのは概して好きではなかった。自分がその曲をどのように解釈したいのか共演者に説明するのがためらわれたし、この歌はこんな風に解釈すべきだとして、自己の主張を押し通すこともやりたくなかったからである。オーケストラとの共演でも、その曲に対する指揮者の解釈理念と自分のそれとがかなり異なっているように感じることもしばしば経験していた。指揮者とのリハーサルの時間は通常ごく短時間しか充てられていなかったため、彼女自身の演奏意図をはっきりと指揮者に分かってもらうのは難しいといつも感じていた。そしてまた、このことは演奏結果に対して必ずしも常に自分自身が満足できる結果になるとは限らない要因ともなっていた。それゆえオペラの舞台に登場する際にもそれと同様の状況に再三直面することが容易に察せられたのである。

ソヴィエト政権下のコンサートツアー

国境を幾度となく越えて私たちは歌の旅を続けた。次の国へ入国するとき、この国はどんな所だろうかと人はみな考えるものだ。普段とはいささか異なる心理状態にあった私たちであったが、二人にとってはフィンランドからソヴィエト連邦に入るに際して特に興味深いものがあった。マリアンは今初めてロシア――ボリシェヴィキの支配する――を目の当たりにしていた。私の方はすでに帝政ロシア皇帝全盛期に運良く演奏旅行でレニングラード［現サンクトペテルブルク。旧ロシア帝国の首都であった］やモスクワを訪れていたこともあって、ソヴィエト政権下のこの広大にして神秘的な、また国土の半分が東洋に位置するこの国家に生じた変革をどうしてもこの目で確かめておきたいとの思いがあった。この最後の点に関してロシア以外の社会からは大きな疑問符と映るこの国を実際に見ることは、私たち二人にとって大変興味深いものがあったと言っていいだろう。

フィンランドとロシアを分ける国境線は小さな川であった。この川には狭い橋が架かっており、その上を単線の鉄道が走っていた。橋は中央から手前のフィンランド側に帰属する半分が白で、向こう側の半分は赤で塗られており、これがソヴィエト・ロシアを示す最初の印であった。国境では最初に税関で足止めを食らった。ここで列車はおよそ三〇分間停車した。私たちの携行していたレコードとプレーヤーについて税関の係官からこと細かく尋ねられたためである。私たちは係官に対してレコードの内容はすべてマリアン自身が歌っているものであることを説明した。私たちの説明に何ら怪しい点はないことを彼らに納得してもらうまでの間、彼らはそれらのレコードを試聴した。そういうわけで彼らはマリアンのリサイタルを無料で聴いたようなものである。列車のダイヤが大幅に乱れることなどどこ吹く風といった具合で、彼らはそのことを一向に気にする素振りは見えなかった。彼らにしてみれば、良い音楽は時間通りに列車を出発させることよりも意味のあることなのだろう。

ロシア人が生活の中であまり実用的でないものに対する嗜好が強いことを示す証拠を挙げてみたい。コンサートにやって来るロシアの聴衆というのは恐らく世界で最も繊細な感受性をもった国民の一つではないかと思われるし、それだからこそ私たちにとって彼らの前で演奏できる喜びも大きいというわけである。彼らは拍手をしたり声援を送るかと思えば、床を足で踏み鳴らしたりして演奏者に対する評価を下すのである。そのような彼らの鑑賞眼というものは彼らの心の奥底から自然に湧き出てくるように思われる。こうした熱狂的な現象が顕著に現れるのは劇場ではオペラ公演の際に、それも特にバレエの場面なのである。ロシア人というのは芸術性の高いものに素早い反応を示すが、こうした特質は生まれながらのものであり、たとえ社会体制が新しくなったからといって、こうした特質が一朝一夕に変化してしまうことは決してあるまい。

革命後のレニングラード

レニングラードで私たち二人は「ヨーロッパ」という名の大きなホテルに宿泊した。このホテルの部屋の家具や調度品はたいそう豪奢なものであった。例えば、絹のカーテンがとても目立ち、フランスやドイツ原産の大きな花瓶が至る所に配置されていた。それから二、三日が経つと、骨董品、美しい花瓶、その他の装飾品の一部が消え失せていた。恐らくは新たな宿泊客のスイートルームを飾るために使われるのであろう。ところが、そのような贅沢な調度品に比べて水道の配管工事は何とまあ見事な対照ではないか。浴室の設備ときたら、ちゃんと動いたためしがないのだ。

マリアンの最初のリサイタルはその後のリサイタル同様に素晴らしい輝きを見せていた。入場券も売り切れになった。一人の女性が演奏曲の歌詞の意味を何曲分かひとまとめにして聴衆に向かって説明したのであるが、外国語の歌詞の意味がちゃんと理解されない恐れがある場合に、このような方法を採り入れることはどの国で演奏会を行うにせよ有効な対処の仕方であると言えよう。私たちはこの地の公演でもそれまで他の国々で行ったリサイタルのプログラムと同じ内容で臨んだ。しかし、主催者側はたとえそれらが宗教的な性格をもった歌であっても、より宗教色を薄めるためにプログラムの一部の曲名に変更を加えた。例えばシューベルトの「アヴェ・マリア」とは言わずに、シューベルトのアリアのように表現した。もっとも、正確に言うならば、当の女性解説者が宗教的な曲を現地語に翻訳した際に、舞台上から聴衆に向かって話した内容には私たちの推測が含まれている。実際にどうであったかは分からないが、曲名の表現を変えたことで特に不都合が生じたとは思えなかった。この最初のリサイタルでは、その後に行われた殆どすべてのリサイタルと同様に、聴衆は熱烈な拍手で私たちにアンコールを求めた。アンコール曲の人気ナンバーワンは「アヴェ・マリア」であった。彼らは自分たちの希望を伝えようとして、ただ「アヴェ・マリア」と大声で叫んだ。決して「シューベルトのアリア」とは言わなかった。このことは一体何を意味しているのだろうか?

いよいよ舞台中央まで進み出たとき、マリアンは傍らにセットされたマイクロフォンに気付いて驚いた。今回のロシア演奏旅行の契約書には彼女のリサイタルはすべて放送を禁じる旨、明記されていたからである。最初の何曲かが終わったところで、マリアンは私のところにやってきて、マイクロフォンに気付いていたかどうか私に確認した。そして放送されていなければよいのだがと付け加えた。これを聞いていた通訳の女性は一瞬しかめ面をすると、きっぱりとした口調で「ロシアでは誰も質問なんかしませんよ」と私たちにクギを刺した。私たちはこれを明確な警告として受け止め、その後に同国内で行われた三回の演奏旅行のあいだ中ずっとこの事が頭から離れることはなかった。そして実際にどのリサイタルも放送されていたことを私たちは後になって知ったのであった。

マリアンと私は出演料の支払いをロシアの通貨で受けた。もちろんこの通貨は他の国では使用できなかったから、マリアンはやむなく受け取った出演料を毛皮、宝石、骨董品の購入に充てることにした。彼女は良質の真珠やダイヤモンド、さらにはかつて教会で使用されていたという豪華なケープまで手に入れることができた。私たちはこの時にロシア通貨は二流クラスの店では使えるが、一流店での買い物には通用しないことを知った。そうした一流どころの店は米国ドルやヨーロッパ諸国の通貨が欲しかったのである。私たちはこうした点では実に不利な立場に置かれており、マリアンが折角大金を稼いでも、その使途が限られているだけに大変残念な思いをした。最も高額の貨幣は三〇ルーブル紙幣であったが、一連のリサイタルを終えた時には、それらの札束を持ち運ぶのが私たちにとってかなり面倒になっていた。そこで私たちは食パンを包む時のように、大きな札束の塊を新聞紙にくるんだり、バッグに詰め込んだりして移動していたのである。

ロシアでの写真撮影は厳禁であった。私はいつも小さなコダックカメラを肩からぶら下げて持ち歩いていたが、そんなある日のこと、街の通りを歩いていると込み合った交差点で次々と指示を出して交通整理をしている警察官に出くわした。その仕草といったら、まるで役者と運動選手をミックスしたようなパフォーマンスを見せていたが、そんな彼を見ているのが実に面白かった。彼に悟られぬよう注意深く彼自身の写真を撮ると、私は何食わぬ顔をして現場からそっと立ち去ったつもりであった。ところが、しばらくして私たちは今しがた交通整理にあたっていたあの警察官に尾行されていることに気付いた。彼は私たちを制止すると、私のカメラを指さした。マリアンと私はこの警官に不信を抱かれないように平然と振る舞った。だが、私の目の前にシベリアの光景がはっきりと浮かび上がってきた。「この国では写真撮影は固く禁じられていることを知らないのか？」その警察官は私に対してこう言ったが、そんな言葉の意味ぐらい理解できるロシア語の知識は私でも持ち合わせていた。

「はい、知っていますとも」

と答える私に対して、彼は厳しい口調で反論した。

「それならどうして写真なんか撮ったりした」

「はい、ご説明致します。貴方は先ほど交通整理にあたっていた、あのおまわりさんではありませんか？」

と私が言うと、彼は私の手を捕らえて

「うん、そうだけど」

と答えた。

「貴方の仕草がとても面白かったんですよ。それで、つい貴方の写真を撮りました。貴方があそこでやってらしたお芝居は、役者のように様になっていて素晴らしかったし、それに貴方は一生懸命やっておられましたからね」

と私は説明した。この説明に気分を良くしたのであろう。彼はにやっと笑うと、すぐに立ち去っていった。

ある日のこと、マリアンと私はレニングラードで一番大きな教会である聖イサアク大聖堂を見に行った。今ではこの教会は博物館に変わっていた。あの素晴らしい教会が一変していたのには大変がっかりさせられた。私たちが見た作品の中に「この肉体は死後も生命を保つことができるのであろうか？」という銘刻のついたミイラがあった。頭上の小さな丸天井の下には巨大な地図が描かれており、そこには地球の自転によって前後に振れる金属の球が吊り下げられていた。そこにはまた、革命前と後のロシア人の家庭を対比させて描かれた絵画も陳列されていた。革命前の汚らしさや酔いどれの様に対して書籍や豪奢な椅子、もちろんヴォトカの瓶の代わりに湯気を立てて煮えたぎるサモヴァール［給茶器］等々、新時代の心地良さが強調されていた。それらはみな宣伝臭を強く感じさせるものばかりであった。祭壇の奥の神聖な部屋は劇場風にすっかり模様替えが行われており、その部屋の中では歯の欠けた、まるで魔女のような老婆が椅子に腰掛けて「お祭り期間中、この部屋でファウストのメフィストフェレスの場面をやってるよ～」と大声で呼び込みをしていた。

ここを立ち去る時にマリアンはほっと深いため息をついた。建物の外は真っ白な牡丹雪が鉛色の空から一面に舞い降りていた。これを見ていて私たちは二人とも、雪がこの世の罪を覆い尽くしてくれるように思われて心が慰められるような気がしたのであった。その後、私たちがこうした反宗教的な博物館を再び訪れることは決してなかった。

ソヴィエト共産党による数々のアトラクションの中に、前ロシア皇帝の離宮であるツァールスコエ・セローがあった。私たちはその他に女帝エカチェリーナ二世〔一七二九〜一七九六〕のあの壮大な宮殿も見た。そこには豪華絢爛たる品々が所狭しと飾られていた。マリアンが特に見とれていた部屋は四方の壁がすべて海泡石で覆われた大広間であった。その部屋は薄暗い黄金色の素晴らしい色にちらちらちらと輝いていた。

次に私たちは離宮とは別棟の前ロシア皇帝の居宅に案内された。各部屋は成金趣味というか、いかにも趣味の悪い装飾品がごてごてと並べられていた。どの部屋にもそこら中に写真が散らかっていた。中でも一番驚かされたのがロシア皇帝夫妻の小さな寝室であった。そこには真ちゅう製で幅の狭いシンプルなベッドが二つ並べられていた。ベッドの真上には二つの赤色灯のランプが吊り下げられていた。ランプは真ちゅうの管であった。装飾用の布が部屋の至る所に掛かっていた。どこに目をやっても、一見して皇帝夫妻のものと分る肖像画や防具が数え切れないぐらい多数飾られていた。肖像画の幾つかはあの悲劇的な最後をとげた修道士ラスプーチンより贈られたものであったが、それらはこの部屋の中で特別な位置を占めていた。とても神聖なものであり、しかもその他の物よりも力強さを秘めたものとして考えられていたからである。

私たちはホテル内のレストランにあるデリカテッセン〔調整食品売場〕で食事をした。もちろんキャビア、ブリーニ、ヴォトカ、それからとても美味しい鶏のカツレツ「キエフ」を口にした。クリミア半島産のワインを何種類か飲んだが、中でも第一一番という銘柄のワインの味は格別であった。そんなわけでレニングラードよりモスクワに向けて出発する際に、私は第一一番のワインボトルを一本持ち込んだ。これから後の旅で恐らくこれが必要になると思ったからである。

スタニスラフスキーからの申し出

モスクワへ向けて列車が出発する折りに、荷物を足元に降ろして駅のホームに佇む人々の姿が目にとまった。一瞬、それは一時代前の光景かと思われた。幾つか思いがけないトラブルはあったけれども、まずまず予定通りの時刻に目的地へ到着した。モスクワの朝はひどい寒さであった。私たちは凍てつく雪道をザクッザクッと音をたてて進んだ。すれ違う男たちを見ると、口元やあごの髭が水分の凍結によってみな白くなっていた。

駅で見かけた人々の中に昔馴染みの顔を見つけて私はとても驚いた。ちょっと考えてみたのだが、この人物が誰であったかすぐには頭に浮かんでこなかった。しばらくして、彼が私とは旧知の仲で、かつて夏期休暇を過ごしにフィンランドを訪れた折によく一緒にテニスをした男であることに気付いた。彼はユダヤ系ロシア人で、その名をコリシェルと言った。新しくできたモスクワフィルハーモニックというオーケストラの創設者で、今ではモスクワ音楽界の重鎮となっていた。思いがけない再会に彼はとても喜んでくれた。あの若き日にフィンランドで共に過ごした楽しかりし日々の思い出が私の脳裏に次から次へと浮かんできた。そしてモスクワでの私たち二人に対する厚遇はまさしく彼の影響力の賜物であった。モスクワ滞在中の私たちには高級車のリンカンが二台も用意され、これらを自由に使用することができたのである。

二人にとって最初となるこのモスクワ演奏旅行の間、私たちはこじんまりとしたホテルに宿をとった。ここモスクワにおいては、それまでミス・アンダースンが他のヨーロッパ諸国を訪れた際にいつも味わっていた心地良さは感じなかったし、皆から注目されることもなかった。ホテルの室内にはレニングラードで泊まったホテルとちょうど同じような流行《はや》りの内装が施されていた。そして、ここでもまたレニングラード滞在中と同様のことが起こった。宿泊してから数日が経った頃、私たちの部屋を飾っていたあの大きな美しい花瓶と高価な装飾用の布がいつの間にか何処かへ消え失せていた。

私たちは名所と言われるような所にはほんの数箇所しか行かなかった。クレムリン宮殿は一般の訪問客に開放されていなかったので、これを見ることはできなかった。だが後日、親しい友人であるコリシェル氏が私たちをレーニンの墓まで連れて行ってくれた。その日は何百人もの人々が長蛇の列をつくって入場を待っていたのであるが、彼が監視員に対して一言耳打ちしただけで、直ちに私たち三人の入場が許可された。レーニンの墓は堂々たる威容を誇っていて、墓の壁面はよく磨かれた石で仕上げられていた。私たちはレーニンの遺体を納めた棺が安置された部屋につながる小さな階段を降りて行った。レーニンの遺体の顔と両手はヨーロッパの諸都市にある蝋人形館でよく見られるものとそっくりであった。頭部は赤い枕の上にごく自然な形で載せられていた。下半身にはスカーフのような布切れが掛けてあり、これもまた赤色であった。私がここを訪れて一番興味深く思ったのは、ここにやってきた人々にとって大変重要な人物の遺体の傍を通り過ぎる際に見られる彼らの真剣な眼差しであった。

第一次世界大戦の最中に、レーニンが封印された鉄道貨車に乗ってドイツ国内を通過することに対してドイツ皇帝ヴィルヘルムが許可を与えたとき、皇帝はこの小柄な男のどこにあのような力が秘められているのか、またその死後においても、どれ程までにロシアの人々の崇拝の的となろうかなど知る由もなかった。

モスクワの大劇場の中に座っていると、旧政治体制下の光景が容易に蘇ってくる。しかし聴衆の表情をよく見ると、そのような記憶もたちどころに消え失せてしまう。私たちは時の移り変わりをはっきりと思い知らされるのであった。マリアンと一緒に出掛けた演奏会でのことであるが、突然、束ねた新聞を小脇に抱えた小さな人影が二つ、さっと駆け抜けて行った。この人影はオーケストラの正面に向かって突き進むと、そこに新聞紙を敷いて座った。私たちにはこの二つの小さなもじゃもじゃした毛髪の頭が音楽を大いに楽しみ、時折お互いに囁くように話をしているように見えた。ところがそのような光景も、これを見つけた劇場の係員がいきなり二人の肩をつかんで外につまみ出したものだから、じきに見られなくなった。

チャイコフスキーの作品をはじめ、よく知られたロシアのオペラ作品は依然としてレパートリーに取り上げられていた。新しい作品の中からミス・アンダースンは重要と思われる音楽を幾つか聴いた。

ドミトリー・ショスタコーヴィチのオペラ「ムツェンスク郡のマクベス夫人」は私たちがレニングラードで観た中では最も重要なオペラ作品であった。シベリア地方へ流刑となる囚人たちを描いたこのオペラの終幕は、現代ロシア音楽劇の名場面の一つとも言うべきものであろう。

ミス・アンダースンが開催したリサイタルのうちの一つでは、休憩時間になって私たちは作曲家のショスタコーヴィチ氏にお目にかかる機会があった。リンゴのような赤い頬や大きな縁の眼鏡をかけた容貌から受ける印象は青年のように若々しい人であった。彼が才能豊かな作曲家であることから私たちが抱いていた先入観とは違って、むしろ彼は農学校の学生のような雰囲気の漂う人であった。ロシア語しか通じなかったこともあって、彼との会話を十分楽しむことができなかったことは返すがえすも残念でならなかった。

劇場では様々な趣向をこらした実験的な新しい作品が上演されていた。それらの新しい試みは、それぞれのアイディア自体に多少なりとも良さが感じられたが、いかんせん舞台での出来栄えの方がいまだ初歩的な域を脱していなかった。そんな中でコンスタンティン・スタニスラフスキー率いるかの有名なモスクワ芸術座は最良のものを上演していた。その時の印象は依然として私の記憶の中に鮮明に残っている。マリアンと私が観た演目の正確な題名は思い出せないのだが、ドキッとするほどの迫真性で描かれたその作品は彼の創造的な才能を如実に示すものであった。それは今まで私たちが観てきたものでこれに比べられるものはないと言ってよいぐらい素晴らしい出来栄えであった。

スタニスラフスキー氏はミス・アンダースンのためにわざわざ茶会を開いてくれた。もちろん私も一緒に招かれていた。彼の自宅アパートメントに到着すると、私たちはほの暗い灯りに照らされた食事室に案内された。この部屋で典型的なロシア式のサモヴァールと呼ばれる大型ポットから紅茶がふるまわれた。初めのうち、私たちは椅子に腰掛けて彼の二人の姉妹と話をしていた。すると突然、脇のドアが開きあの有名な男が入ってきた。

私はあれほど高貴な顔つきをした紳士にこれまでお目にかかったことがなかった。彼はこの時すでに見た目がかなりの年輩で、背は高く全身の身のこなしから受ける印象はとても洗練されていた。また話し声は極めて明瞭で、パリっ子がしゃべるような上手なフランス語を話していた。彼の話しぶりから推察するに、ミス・アンダースンとその歌唱芸術に対する並々ならぬ関心が窺われた。しかし、彼がマリアンに向かって、モスクワに留まって自分のもとでカルメン役に取り組んでみる気はないかと尋ねた時には本当に驚いた。スタニスラフスキーの下でカルメンの役を勉強するということがどんなに凄いことなのか、当時の彼女にはまだよく分かっていなかったのであろう。彼女は嬉しそうに微笑みながら、「とても素晴らしいことですわ」と答えたのであった。しかし、そのような彼の申し出に対して、彼女が果たしてどこまで真剣に受け止めていたのか私には疑問に思われた。

後年マリアンがこの事をもっと真剣に考え、この素晴しい申し出に応えようと前向きに検討を始めた矢先に、私たちは当のスタニスラフスキー氏がすでに帰らぬ人となっていたことを知った。

お茶の時間が終わって、私たちはみな彼の自宅の中にある大きな稽古場に入っていった。すると、そこには彼が主宰する劇場の生徒や俳優たちがすでに集まっていた。ミス・アンダースンはその場に居合わせた芸術家たちから歌を所望された。そして彼女が歌い終えると、皆からやんやの喝采を浴びたのであった。この演奏旅行中、私たちには他の演奏家とよく知り合う機会がなかった。たまたま著名なアーティストと同席した場合でも、それはいつも公式行事の一コマであり、しかも招待客としてそこに来ていたからである。

マリアンと私がモスクワを出発しようとしていたところ、私たちの乗った寝台列車に白いリラの花籠が届けられた。スタニスラフスキーからの別れの挨拶であった。真冬のモスクワで花籠を受け取ることなど思ってもみないことであったから、これには私たちも本当にびっくりしてしまった。いかにも大魔術師スタニスラフスキーならではのすごい芸当だと感じ入ったのである。

当時、ソヴィエト連邦の殆どのオーケストラは有名なヨーロッパ人の指揮者を擁していた。それから比較的大きなオーケストラはどこも他のヨーロッパ諸国のオーケストラのレベルに肩を並べようとして懸命になっていた。私たちはオットー・クレンペラー、オスカー・フリート、その他ベルリンやヴィーンから招聘した著名な指揮者たちのコンサートをたびたび聴いた。

また、当時ロシアの音楽界で積極的に音楽活動を行っていた高齢の作曲家ミハイル・イッポリトフ＝イヴァノフ［一八五九〜一九三五　ロシアの作曲家・指揮者］に会う機会があった。共産主義政府の恩恵として、彼には今もなお古風で住み心地の良いアパートメントが与えられていた。

　ある夜のこと、ミス・アンダースンと私はこの長老の住むたいそう古めかしい自宅アパートでの夕食会に招かれた。それは伝統的な流儀を今もなお守っている親切な人々との最高に楽しい夕べのひと時であった。私たちは大きな丸テーブルを囲んで席に着いた。ホストであるイヴァノフ氏が自ら一風変わった面白い方法で出来たての料理を客人たちにふるまっていた。彼は客の皿が空になっているのを見つけると、特製フォークの先端をさらに先へ伸ばした。このフォークは一ヤード［約九〇センチ］余り先へ伸ばせる仕掛けになっており、彼はこれを使って手近にあった形の崩れやすいミートパイを上手に挟むと、円卓の端まで伸ばして客の皿に盛ったのである。お茶の香をよく沁み込ませた大型のサモヴァールの存在によって、テーブル全体の構図がバランスよくまとまっていた。

　来客の中にはかの有名なコロラテューラ・ソプラノのアントニーナ・ネジダーノヴァ［一八七三〜一九五〇］がいた。彼女の個性や魅力に触れたマリアンは彼女のことを何て素敵な人だろうと思った。一方、この素晴らしい歌手もマリアンの歌唱に大変興味を抱いたのであろうか、モスクワ音楽院の大ホールで開催されたマリアンのリサイタルに毎回足を運んでくれていた。私たちの最初のモスクワ訪問では計四回、そして第二回目の訪問の際にも計四回のリサイタルをこの大ホールで開催した。リサイタルは毎回盛況で、会場は超満員の聴衆で賑わっていた。

このホール内の照明は明るく輝いていたが、ただ一つ気懸かりな点はあのかなり使い古されたピアノであった。また、私自身慣れる必要のあったものとして、習慣的に行われている三〇分の休憩時間があった。聴衆はこの時間内に軽食を摂ったり、また喫煙したり紅茶で喉を潤したりすることができた。マリアンと私も演奏者の控室で出された紅茶とケーキを静かに口にした。ステージ右手横の上方には政府要人用のボックス席があって、このボックス席へ給仕するためには出演者の控室を通って行かなければならないという位置関係にあった。盆に載せた食事をウェイターが政府高官席まで運ぶため私たちの控室を通り抜ける際に、彼らの食事も私たちのものと何ら変わらないことが分かった。

私たちの開催したリサイタルのうちの一回は、それ以外の時と何もかも様子が違っていた。私たちがステージに登場したとき、ホール内は暗闇に包まれていた。大きなスポットライトから放たれた強い光線がミス・アンダースンの姿を浮かび上がらせた。そして聴衆は演奏者二人と黒塗りのピアノ以外、何も見ることができなかった。彼女はそれまで明るい照明には十分慣れていたが、この時ばかりはその強烈なスポットライトを浴びて少し当惑を覚えた。私の方も目が眩み、ピアノの譜面立てに置いた楽譜を見るのがとても難しい状況になった。

最初の何曲かの歌を続けて演奏した後、いつも私たちのリサイタルに同行していたコリシェル氏になぜ照明がこんなに強いのか尋ね、もっと弱くしてもらえるよう関係者に掛け合ってほしいと伝えた。ところが、彼は何かに怯えるような素振りを見せると、照明を強くしている理由は彼にも分からないこと、また、そのことについては何もできないのだと答えるのであった。

休憩時間になって紅茶が運ばれてきた際に、三人のウェイターがそれぞれ美味しそうな果物や火で炒めた料理を大きな盆に載せて私たちの控室を通り抜けて政府高官専用のボックス席へ向かって行くのを目撃した。私はコリシェル氏に向かって、こうした特別待遇を受けているのは一体誰なのか尋ねてみた。彼からは今度もまた「さあ分かりません」と判で押したように同じ答えが返ってきた。

リサイタルが終った後で私はあの特別席にいた政府高官らがいったい誰であったのか、他の人々にも尋ねてみた。しかし、誰に聞いても知らないという答えしか返ってこなかった。あれは誰だったのだろうという思いが先に立ち、ミス・アンダースンも私もあの高官たちのことが依然として頭から離れなかった。しかし、断言はできないが、私たちにはおおよその見当はついていた。

カメを連れて

さて、演奏旅行の話をさらに続ける前に、ひとつ読者の皆さんにこの旅で重要な役割を果たしてきた私たちの仲間、トルことトルチンスキー氏とカメのカルをここで紹介したい。

トル氏は行政官ないし旅行マネジャーとしてミス・アンダースンのロシア国内滞在中の案内役を務めるようロシア政府より任命されていた。彼は小柄でとても親切な男であった。それから米国のニューヨーク市でよく耳にする一種のイーディシュ語［主としてドイツや中・東欧諸国のユダヤ人によって話されていたドイツ語の一種］の方言を話していた。私たちとは互いによく理解しあえたと思うし、彼の方でも私たちに対して十分な敬意をはらってくれていた。また、彼は私のシャツやネクタイをしげしげと見つめていることがよくあった。それはまるで彼自身も以前に同種のものを着用したことがあって、当時のことを思い出しているかのような眼差しであった。

トル氏はマリアンのどんな願い事に対しても、その実現のために労を惜しむことはなかった。「トルに不可能なんてありゃしません。何でもお任せあれ」これは笑みを浮かべながらいつもトル氏の口をついて出てくる科白《せりふ》であった。マリアンと私は彼をちょっとからかってやろうと思い、一見不可能かと思われるようなことをしばしば要求してみた。あるとき列車で移動中のことであったが、私たちはエビが欲しいと彼に頼んだところ、それがまあ驚いたことに本当にエビが出てきたのである。またこんな時もあった。私たちがイチゴを頼むと、やはりトル氏はちゃんと届けてくれた。ただし、小さくて苦みがあったが、ともかくイチゴには違いなかった。彼はマリアンのドレスやコート、あるいは私のズボンに染みを見つけると、すぐさま自分の部屋に持ち込んだ。何やらごそごそやっているなと思っているうちに、いつの間にかそれらは綺麗になって戻ってくるのであった。もっともその翌日、私たちが再びそれらを目にしたときには、元々の染みよりも大分薄まってはいたが、大きさは三倍ぐらいに広がっていた。しかし、私たちにはそうした彼の善意の心遣いが有り難かった。

トル、サヴェイジ、ジョフェの三氏はこれまで長年にわたって私たちに付き合ってくれた歴代の演奏旅行マネジャーのうちのベストに位置する人たちであった。

さて、この辺で先程もちょっと触れた小さなカメのカルにもご注目いただきたい。彼はまる一年ものあいだ私たちと旅を共にした仲間である。私の上着のポケットを定宿にしていたが、私たちとの出会いから今日までの経緯というのは至極単純なことであった。ホテルの部屋にただ一人でポツンと座っているミス・アンダースンの姿をしばしば見かけていたので、私はコンサートツアーの旅仲間として小さな動物を飼ってはどうかと考えたのである。ある日私たちがフランスのリヨンで著名な米国人ピアニストのワルター・ルンメル［一八八七〜一九五三　米国のピアニストでドビュッシーの演奏解釈には定評がある］氏とその魅力あふれるロシア生まれのご夫人を交えて昼食を共にしていたところ、腰に大きな袋をぶら下げた見知らぬ男がやってきた。彼は袋の口を開けて中に入っていた色々な品物を次々と私たちに見せてくれたが、そうした袋の中にカメが何匹か入っていた。

「カメを飼ってみない？」

と私はミス・アンダースンに尋ねた。

「まさか、いやだわ〜そんなこと」

と彼女は答えた。

ルンメル夫人はカメを買いたい素振りを見せていた。これはちょうど良い機会だと思って、私はルンメル夫人と私自身のためにそれぞれ一匹ずつ計二匹を買った。

時が経つにつれて、マリアンは徐々にカメに興味を示すようになった。列車の中で私の膝の上にちょこんと乗ってサラダを食べているカメのちっちゃな赤い舌を彼女が面白そうに眺めていることがよくあった。私たちが列車でヨーロッパを移動した際に、このカメはどの列車でも乗客の興味を誘った。食堂車で食事をする際、私たちはいつもテーブル上の双方の皿と皿の間にカメを置いて食事をしていたのであるが、これが実に行儀のよいカメで、いつも最初に餌をもらっていた。ある夜のこと、私は一人で劇場へ出かけるためにマリアンの了解を得た上で、カメのカルを彼女の部屋に残して外出した。私が劇場から戻ってくると、マリアンはホテルの自室で衝立《ついたて》の後ろからカメのカルをじっと観察していた。カルは部屋の中央にちょっこと陣取り、サラダの葉をつついていた。一方、マリアンは至極冷静な口調で私に言うのであった。「カルの邪魔をしないでね」と。

しかし私たちのロシア滞在中、カルはテーブルの上であまり行儀が良くなかった。ある日、私たちがキャヴィアを食べていたところ、ナプキンの上にゆで卵の食べくずが幾つか落ちていた。そしてナプキンの上までやってきたカルは崩れた卵をさらに粉々にしてしまった。また、こんな時もあった。私たちがレニングラードでポール・ロブスン［一八九八〜一九七六　米国の黒人俳優、フットボール選手、歌手、公民権運動家」と夕食を共にしていた際、カルはとても悪態をついたためにミス・アンダースンから「テーブルの下に行ってじっとしてなさい」ときつく叱られてしまった。

マリアンは動物、それも特に犬や猫がめっぽう好きであったが、それでもまだ、そのような動物たちと犬の仲良しとなるまでにはなっていない。彼女は自宅にいるときは鶏小屋に行き、静かに小屋の扉を開けてしばらくじっと中を覗き込む。それから中へ入っていく。彼女はいつもこんな風にしてどんな動物にも近づいていくのである。決して動物たちの邪魔になるようなことはしなかった。

このような話題に事欠くことはなかった。そう言えば私たちのパリ滞在中にも面白いことがあった。私はマリアンのために熱帯産の鳥を六羽購入した。彼女はそのことを大いに喜んでくれたのだが、それにしても鳥たちの朝は早かった。翌朝六時にさえずりを始めると、もう私たちは眠っていられる状況ではなかった。それから鳥たちの間で争いが始まった。そのうちの親分格である一羽の赤い鳥のことをマリアンはコスティと名付けた。やがてその鳥はいっそう獰猛《どうもう》になった。そして彼女は「コスティは二つも要らないわ」と言って、その鳥たちを全部、友人たちにあげてしまったのである。かえってその方が私たちには都合が良かった。それは寒さの厳しい冬のヨーロッパで敏感な鳥たちをどうやって持ち運びすればよいか、彼女はそれまでずっと気懸かりであったからだ。

ウクライナのスターリンと共産主義者たち

私たちがウクライナの都市ハリコフに向けてモスクワを出発する際に、ストックホルムから来たエンワル夫妻もカメを交えた私たちの小グループに加わった。

その頃ウクライナ地方の重要人物はポスティショフ［一八八七〜一九三九］で、彼はウクライナのスターリンと言われた権力者であった。彼は道路を隅々まで清潔に保つことに特に注意をはらっていて、街角には大きなゴミ箱が設置されていた。そうした彼の狙いは功を奏していた。清潔さという点でこれと比較できるのは、実際に私が見てきた限りではフィンランドのヘルシンキ市街の通りだけであった。

このことに関連して、私はハリコフで起こったちょっとしたエピソードをここでご紹介しておきたい。ある朝のこと、私が散歩のためホテルを出たところ、ちょうど同じようにホテルを出て行く米国人とおぼしき紳士を見かけた。彼はロシア製の紙巻きタバコをパイプで吸っていたのだが、不用意にも最後にタバコの吸い殻を道端にポイと捨ててしまったのである。すると何処からか警察官がさっと近づいてきて彼に言った。

「吸い殻を拾いなさい。ゴミ箱はどこにだって置いてあるじゃないの。見えないのかい、あんたは」

その若者はタバコの吸い殻を拾い上げる素振りを見せなかった。これをじっと見ていた警察官は明らかに苛立っていた。その警察官は無理矢理その若者に拾わせると、大声で聞いた。

「通りはいつもゴミのない綺麗な状態にしておかないといけないことぐらい分からないのか？ところで、君はどこからやって来たんだ？」

「米国だよ」

若者は吐き捨てるような強い口調で答えた。すると警察官はまたくどくど説教を始めた。

「ほう、米国ねえ。君の国では、街の通りを綺麗に保つ方法を知らんのかね。国に帰ったら皆にこう言ってやるんだな。タバコの吸い殻はゴミ入れ用のカンに捨てるように、とね」


マリアンと私はハリコフから少し足を伸ばして、ロストフまで小旅行をした。鉄道施設はまったくお粗末であった。これではロストフまでの旅は余りにも時間がかかり過ぎてしまう。私はトル氏に航空機の利用を示唆したのであるが、彼はひどく当惑しているように見えた。そして「フルーギ、フルーギ。それはとても無理というもの。ミス・アンダースンに何か起こっては困りますがな」と自分自身に言い聞かせるように、何度も何度も呟いていた。

私たちにはフルーギという言葉の意味はよくは分からなかったが、トル氏の使っている言語では、彼が動物のゾウのことをフォレファントとよく言っていたように、それは飛行機を意味しているように思われた。私たちはトル氏がこれまで一度も飛行機に乗ったことがないこと、そして飛行機をひどく怖がっていることをその時に知ったのである。しかし、マリアンはこの旅行には飛行機を利用する方がずっとましだと感じていた。

私たちの乗り込んだ飛行機は驚くほど小さかった。荷物の積み込みスペースを確保するために座席が二つ取り外されていて、たった六人分の座席しかなかった。マリアンと私は後部座席に座った。トル氏は「フルーギ、フルーギ」と呟きながら、とても神経質な表情を見せていた。唯一この旅を楽しんでいるように思われたのがちっちゃなカメのカルで、私の膝の上にちょこんと座ったままのんびりと好物のサラダを食べたり窓の外を眺めたりしていた。

飛行途中、数箇所で給油のため着陸した後、飛行機が目的地の近くまで来たとき、南の空に突如として暗雲が垂れ込めているのが視界に入った。そう思ったのも束の間、私たちはすぐに嵐の真っただ中に突入した。飛行機は木の葉のようにゆらゆら揺れ動いた。そのため機内に持ち込んだ荷物は空きスペースをスルスルと滑り始めた。稲妻がピカッと閃いたかと思えば、風が雨を眼前の窓ガラスに叩きつけ、すべてのものを視界から奪い去った。そして耳をつんざく雷鳴の轟きによって一切のものが聞こえなくなった。するとトル氏が座席の肘あてをしっかり掴んでいる姿がちらっと見えた。

しかし、この強風を伴う雷雨はロシア南部地方特有のもので、ごく短時間で治まった。そうして飛行機が空港に着陸すると、ミス・アンダースンは色とりどりの花束や花籠を手にした熱心なファンの温かい出迎えを受けた。

南へ更に旅を続けながら、私たちは美しいウクライナの古都キエフでリサイタルを行った。この地に滞在中、私たちは黄金色に輝き玉ねぎ型をした素敵な塔を持つかの有名なペチェルーシク大修道院を訪れた。この修道院は世界で最も古い修道院の一つである。ここから下方を見下ろすと、谷あいをゆるやかに蛇行する穏やかな川の流れが視界に入った。

一番大きな聖堂には有名な十字架があった。この十字架にまつわる話は古今より人づてに幾度となく語り継がれてきた。例えば、そうした物語の一つに西暦一一〇〇年にタタール人によってキエフの町が征服されたとき、十字架にかけられた救世主イエス・キリストの身体の傷口から血がしたたり落ちてくる様を語るものがあった。このように一見奇跡と思われるようなことが、キエフが陥落の危機に瀕した際にいつも想起されたのである。それから後に、厳かな宗教上の儀式が執り行われる間にイエスの傷口から垂れ落ちてくる血は病人に与えられることになるが、この一滴の血が病から病人たちを救うことができるものとキエフの人々の間で信じられていたのである。私たちに付き添ってくれたガイドはコミュニストであったが、その顔に皮肉な笑みを浮かべながらこの話を私たちに語った。そして何と馬鹿げた宗教であり、まともな説明がどんなに難しいかを私たちに語るのであった。彼の話では、リーガ［現バルト三国の一つであるラトヴィア共和国の首都］で造られた血をこの地まで運び込んだ上でイエス・キリストの身体の傷口からしたたり落ちてくるように見せかけたこの秘密の仕掛けを、ボリシェヴィキ政権はすでに見つけ出しているとのことであった。私たちがいくら頼んでも、彼は十字架の後ろに取り付けた仕掛けの種明かしは決してしてくれなかったが、彼の表情からは終始ばかばかしいと言いたげな様子がありありと窺われた。

私たちはキエフからオデッサに向けてさらに旅を続けた。寝台列車の車窓には一面に広がる肥沃な畑地と黄金色の小麦地帯の景色が果てしなく続いていた。気候は次第に暖かくなってきた。私たちの列車はもうもうたる土煙の真っただ中を突き進んでいるように思われた。列車の内部は砂埃がひどく、翌朝になって鏡を覗き込んだところ、私の顔のほぼ全面が薄黒くなっていた。

トル氏の表情からは彼がとても疲れていることが分った。昨夜は一睡もせず客室内のドアのところに座り込み、寝ずの番をしていたようだ。彼の話では、有名なスペイン人コロラテューラ・ソプラノのメルセデス・カプシール［一八九五～一九六九］と共に演奏旅行をした際に、夜中に彼女の宝石類が盗難に遭ったそうだ。そんな経緯もあって、彼はミス・アンダースンに対して貴重品は必ず肌身離さず持っているように忠告していた。

この旅の間に寝台列車のポーターがしばしば自分のサモヴァールで私たちのために紅茶を沸かしてくれた。一度、私たちがポーターに紅茶を頼んだとき、そのポーターはいかにも申し訳なさそうな顔をして「ごめんなさい。それが駄目なんですよ」と言うのであった。最初のうち私たちにはどういうことなのか訳が分からなかったが、しばらくして彼が再び私たちのところにやって来ると、夜の間に誰か不心得者がサモヴァールを盗み列車の連結部から姿をくらましてしまったことを私たちに伝えた。そのようなお茶の時間を持てなくなってしまっては、この先ずっと続く列車の旅をどう過ごせばよいのか考え直さねばならなくなった。

マリアンの荷物が盗まれたりしないよう毎日目配りが欠かせないトル氏の方はもっと疲れていたに違いない。

列車の旅もいよいよ最後の日となって、エンワル夫妻にマリアンと私の計四人は食堂車の同じテーブルを囲んだ。テーブルの上の食事には埃がつかないように、麻のナプキンが掛けてあった。私たちは一方の手でナプキンを少し持ち上げておいて、その隙間から食べ物を少しずつつまんで口に運ぶしかなかった。カメのカルだけはそんな厄介なナプキンとは無縁であり、ただひたすら好物の埃っぽいレタスの葉をつついて大いに満足していた。喉がからからで埃っぽくならないように、私はヴォトカを飲んだ。私はカルに一滴たらしてみたが、彼は依然としてレタスに夢中で、そんなものには見向きもしなかった。

姿まではよく見えなかったけれども、通路をはさんで反対側から何やらロシア人たちの話し声が聞こえてきた。若い男たちの一人が私たちのテーブルにやって来て、この小さなカメを面白そうに眺めていた。

「まあちょっと座って、ヴォトカでも一杯やりませんか」

と私は彼に軽い気持ちで勧めてみた。彼はこれに応じると、一気にグラスを空けた。すると突然、若い女性のかん高い声が響いた。

「何という人なのよ、貴方は。コミュニストのくせに外国人からヴォトカなんかもらって飲むなんて。真のコミュニストたる者がどう振る舞えば良いか、そんなことぐらい分からないの⁉」

彼女のもの凄い剣幕にすっかり怖じ気づいた青年は弁明に努めたが、もうどうにもならなかった。トル氏も何とかして彼女を鎮めようとした。このとき食堂車に乗り合わせた人たちはこの騒々しいごたごたに皆うんざりした表情をしていた。しかし、それでもなお、この女性は一層烈しさをエスカレートさせた。それはまるで群衆を前にしたアジ演説のようであった。ミス・アンダースンとエンワル夫人の二人はそっと席を立ち、自分たちの客室の方に戻って行ったが、エンワル氏と私はどんな結末を迎えることになるのか気懸かりであったので、そのままそこへ留まることにした。

列車が次の駅で停車したとき、先ほどの青年はいったん列車から降りると、すぐにヴォトカのボトルを手にぶら下げ再び私たちのところまで戻ってきた。そして外国人である私からグラス一杯のお酒を受けた際にミスを犯したとして非難された、あの失態の償いをしたいとの思いからそのボトルを私にくれたのであった。彼を罵倒したあの若い女性は食堂車を出て行きがてら、赤軍兵士らに事の顛末を冷ややかに告げたのである。すると、しばらくして赤軍兵士の一人が私のところにやって来た。そこでトル氏は私の代わりに自ら状況の説明役を買って出た。しかし、その兵士は私に向かって厳しい口調で「もう、お休みになった方が良くはないですか」と、きっぱり言い放った。私は気味が悪くなって、すぐにそこから立ち去った。その後あの狂信的とも言える若い女性ともう一方の青年の身に何が起こったか、私には知る由もない。

オデッサはとても美しい都市であった。ミス・アンダースンの成功はこの町ではすでに人々の間に知れ渡っていた。コンサートに詰めかけた聴衆は彼女の歌唱に対して熱狂的な声援で応えた。

当地で開催した第二回目のリサイタルでは、チケットを購入するお金を持っていなかった少年が私のところにやって来て、どうしてもミス・アンダースンの歌を聴きたいのでコンサート・ホールの中に何とか入れて欲しいと言う。私は少年の願いを是非とも叶えてあげたいと思い、トル氏に頼んでこの子のために舞台の真下に椅子を用意させた。少年の顔がパッと明るい表情に変わった。しかし、マリアンの歌が一曲終わっても、少年は拍手をしようとはしなかった。これはロシアでごく普通に見られる習慣とは随分様子が違っていたので、私は少し変だなと感じた。リサイタルが終わり、少年は私たちのところへ挨拶にやって来ると、ミス・アンダースンと私にお礼を言った。すると、この少年の明るく輝いた瞳は涙でうるみ、今にも泣き出しそうな表情になっていた。私が少年にどうして皆と一緒に拍手をしないのか尋ねたところ、寂しげな表情を浮かべたその少年の口から出た答えは、「それがボクにはできないの……片手がないから」であった。

マリアンと私は世界的にも著名なオペラハウスの一つであるオデッサ歌劇場に足を運んだ。ここで私たちはロシア歌劇を観たが、その出来ばえは可もなく不可もなしといったところであった。

しかしながら、トル氏の方はこの大きな美しい建物を私たちに見せることができて誇らしく思っていたようだ。

夜になってマリアンと私はしばしばホテルの食堂で行われているジャズ・オーケストラの演奏を楽しんだ。このジャズ・オーケストラのレベルは、私たちがロシア滞在中に聴いた同種のオーケストラの中では最上の部類の一つであった。この出来ならニューヨークのナイトクラブの客にも十分楽しんでもらえるだろう。

ある晩、夕食のあとヴォトカをグラスで何杯か飲んだところで、大変気分が良くなった私は「これはロシアの習慣なんだけど」と言いながら、シャンパン・グラスを鏡に投げつけてみようと皆を誘った「ロシアでは、結婚式の時に縁起を担いでシャンパン・グラスを割る風習がある」。その鏡はマリアンの腰掛けている椅子のちょうど真後ろの位置にあった。

「まさか、やらないでしょうね」

とエンワル夫人が言った。

「私は面白いとは思うけど……。でも、やらないわよね」

と彼女は繰り返した。

「賭ける？　僕はやるよ！」

と言うと、私は鏡を目がけてエイッとばかりにグラスを投げつけた。グラスは粉々に砕け散った。破片がテーブルの上にもかなり落ちていたが、幸いにも鏡に別状はなかった。マリアンは血相を変えて立ち上がると、さっと部屋から出て行ってしまった。私は自分の愚かな行為がとても恥ずかしかった。そして、マリアンの面前で二度とこのようなことはやるまいと心に誓った。

エンワル夫妻は間もなく当地を離れてスウェーデンの自宅に戻って行った。それから数日後、私たちもここオデッサからバトゥミに向けて汽船に乗った。

私たちの乗り込んだ船は黒海を巡る観光船として設計されたモダンな大型船であった。船は予定時刻になっても一向に出航しなかった。桟橋にはロープが張られ、警備陣が警戒に当たっているところを見て、私たちは誰か大物がじきに到着する気配を察した。警察官は埠頭に集まってきた群衆の整理に慌ただしい動きを見せていた。

それから一、二時間が経って高級乗用車が三台続けざまに乗りつけられた。第二番目の車のドアが開くと、最も高位にあると思われる人物が車外に足を一歩踏み出した。彼は熱狂的な群衆に向かって笑顔を振りまきながら帽子を頭上にかざした。トル氏はこの男がウクライナ共和国の統治者、ポスティショフであると私たちに告げた。

船内のスペースは二つに仕切られた。一方は一般客が自由に使用できる場所であったが、もう一方はポスティショフの警護を担当する刑事たちによってガードが固められていた。

前ロシア皇帝のサマーハウスがあり避暑地として有名なヤルタに船が到着する前に、トル氏はミス・アンダースンのところにやって来た。あのポスティショフが彼女の歌を是非とも聴かせて欲しいと言っていること、そしてこの船の広間でショート・プログラムによるリサイタルを彼女がいつでも始められるよう、すでに準備ができていることを嬉しそうに告げた。さらにトル氏は彼のような重要人物の要請を断ることは極めて難しいことを強調するのであった。

私たちは一番大きな広間に通されたが、そこにはポスティショフとその部下たちが待ち受けていた。ポスティショフのブロンドの頭髪は逆立ち、薄い口唇は冷たさを感じさせた。そして、その青色の鋭い眼光は私たちの身体を射抜いてしまうのではないかと思わせるほど強いプレッシャーとなった。彼は両足を前で交差させて椅子に腰掛けていたが、足先を小刻みに震わせている姿からは何か病気持ちではないかと思われた。

私は彼に背を向けた位置でピアノ伴奏をしていたので、その間に彼がどのような表情をしていたのか分からなかった。予定のプログラムが終了した後、ポスティショフの顔には微笑が見られたけれども、そこには疲労の色が濃く漂っていた。それからミス・アンダースンと私はそれぞれの船室に戻った。

ヤルタで下船したポスティショフからミス・アンダースンのもとへリサイタルのお礼の電報が届いた。この電報はトル氏を通じて彼女に届けられた。あのような権力者からの礼状を大変名誉なことと考えるトル氏は喜々としてマリアンに祝詞を述べた。ただ、トル氏がその電報を自分の手元に大切に保管していることが、私にはいささか奇妙に思われた。恐らく、このような著名な人物から来た電報は所持している方が何かと都合が良いと考えたのであろう。

船はその日の午後ずっとヤルタの港に停泊していたので、フランスのリヴィエラ海岸の諸都市のように風光明媚なこの町を私たちは十分に見ることができた。この町に関しては何事にも精通していたトル氏はロシア皇帝の所有するワインの地下貯蔵室の一つから出荷された、まろやかな極上のワインを私たちのために取り寄せてくれていた。私は昼下がりのひっそりと静まりかえった船のデッキにテーブルと椅子を用意させると、そこでマリアンと一緒にまろやかなワインの味を楽しんだ。黒海は鏡を張ったように穏やかで、その海面には雪を頂く山々の姿がくっきりと映し出されていた。このような町のたたずまいは、かつて権勢を欲しいままにしていた皇帝の町の華やかなりし日々を夢に描いているかのように思われた。

私たちの船の周りには陽気なイルカたちが集まってきて、沈みゆく夕陽の輝きを体一杯に浴びて、さながら曲芸ショーの如く空中高く舞い上がっていた。夕方遅くなって私たちは黒海を臨むこの絵に描かれたような素晴らしい場所から引き揚げた。

黒海を巡る私たちの旅はすべてに申し分なく、素晴らしいものであった。そして刑事など官憲が下船してから後、私たちはこの船旅を心ゆくまで楽しんだ。

船の上甲板にはちょうど救命ボートの影ができていた。私は終日そこに寝そべりながら、私たちの生きているこの時代の混迷する政治状況の下ですべての困難から免れ、こうして平和な環境に身を置くことのできる我が身の幸せをしみじみと感じるのであった。そしてこの暗い静かな海に穏やかな優しい夜の帳《とばり》がそっと訪れる頃、毎夕決まって姿を見せるイルカたちの愉快な演技に私たちの心は和むのであった。

多彩な人種が行き交う街、ティフリス

船が美しい浜辺や行楽地を通り過ぎて行くとき、私たちはアジアとヨーロッパの地理上の分水《ぶんすい》嶺《れい》となっている雪深いコーカサスの山々の素晴らしい眺望に見とれていた。バトゥミで下船しアジアの地を踏みしめた時、私たちはほっと安らぎを覚えるとともに、この後さらに続く骨の折れる旅への心の準備もできたように感じられるのであった。

さて、ここでトル氏は急遽モスクワに戻らざるを得なくなったので、マリアンと私にとっては非常に残念なことであった。というのも、私たちはこれまで何から何までトル氏に依存した旅にすっかり慣れてしまっていたので、この先、彼の案内なしに西アジアの地を旅することなど思いもよらぬことであったからだ。

トル氏に代わる新しい人物が私たちをティフリス〔現ジョージアの首都トビリシ。二〇一五年四月、国名表記が変更されグルジアからジョージアとなった〕まで案内してくれるものと思っていたが、どういうわけか私たちの前に姿を見せることはなかった。そのためマリアンと私は二人だけの旅を続けなければならなくなった。ヨーロッパから遠くなればなるほど、私たちにとって言葉の問題

は一層深刻になる。

私たちはついにティフリスに到着した。早速マリアンのリサイタルの日程がどうなっているのか問い合わせてみた。しかし、現地の担当マネジャーの説明ときたら「じきに分かるでしょうから、あまり心配しないで」ということだけであった。

私たちにはグルジア軍用道路の南端に位置するこの奇妙な都市を観る時間はたっぷりあった。アジアやインドからヨーロッパに向けて旅をするとき、人々はこれまで何世紀にも亘ってこの有名な峠を越えて行かなければならなかった。

ここティフリスで大変面白い場所の一つに硫黄風呂があった。この風呂を利用するために訪れた人々は、まず互いに他の利用客の身体の上に素足で立った。それから手は使わずに相手の身体の上で軽く踊ることによってマッサージを行っていた。

私たちはここでもまた、世界で最良と言われる灰色のキャヴィアを目にした。このキャヴィアは水を切ってからおよそ三時間が賞味期限であり、そしてまた柔らか過ぎて缶詰には加工できないようだ。

通りを行き交う人々は実に多彩な人種から構成されていたが、当地では方言も含めると一二五の言語が使用されているという。

何日間かゆったりした日々を過ごした後、私はマリアン・アンダースンのリサイタルが翌日開催されることを知らせる大きなポスターを町のあちこちで見かけた。ところが私たちは現地マネジャーからそのような知らせは一切受けていなかったので、私はすぐにマリアンのところへ行ってリサイタルが明日になっていることを伝えた。これは彼女にとってもびっくり仰天の知らせとなった。私たちがこのことで話し合っているところへ現地のマネジャーが割り込んでくると、もうこの町を色々観てきたかと平然とした表情で私たちに言ったものだ。私は少しむっとして、リサイタルの開催日ぐらい知らせることはできただろうにと言った。すると、このマネジャーはニヤリと笑みを浮かべ、自信たっぷりに答えるのであった。

「ポスターに掲載されている日付は間違いですよ」

「でも、開催日が違うことをどうやってお客さんに知らせるの？」

と私は彼に尋ねた。

「明日、人々が演奏会場にやって来た時に、二日後にまた来て下さい、と言って帰ってもらうんですよ。それが当地でのやり方なんです」

これが彼の答えであった。

マリアンのリサイタルはその二日後に本当に開催された。演奏会場の一角にある広い庭園はミス・アンダースンの歌を聴きに集まった数千人の客でごった返していた。この地で開催した二回目のリサイタルの際には、本当の開催日とは異なる日を予告するようなことはやらなかったが、客の入りは大変よく大成功であった。

エキサイティングなオーケストラ

　リサイタルを終えて、私たちはティフリスから有名な油田都市バクーに向け飛行機で発った。ところが、もの凄い嵐が発生して私たちの飛行機は不時着を余儀なくされた。そしてこの時にまたもや神経のすり減るような体験をすることになった。飛行機が再び飛び立つことができるようになるまでの何時間かを、マリアンと私は荒涼とした砂漠地帯の砂礫の上にじかに座って待った。それから飛行機が飛び立った後にもう一度烈しい嵐の中をくぐり抜けたところで、ようやく荒波を高く打ち上げるカスピ海の姿がかすかに視界に入ってきた。飛行機がバクーへさらに近づくと、私たちの眼下はるか下方に異様な感じのする貯油槽が見えた。それらは緑色と黄色をしており、有毒な液体の一種によく似ていた。

　飛行機は深い沼沢地に着陸したが、ぬかるみは私たちの膝のところまで達した。もがき苦しみながらも、何とかバクー空港の小さな待合室までたどり着くことができた。疲労困憊したマリアンは、病人が半ば死んだような状態で粗末な木製ベンチにへたり込んだ。

「ねえ、マリアン。紅茶でも飲んでごらんよ」と私は熱心に勧めてみたのだが、彼女は疲れ切っていた。私たちの周りにはハエがぶんぶん群がっていた。非衛生的な場所であったが、私は敢えて紅茶を続けて二杯、一気に飲み干した。

私たちはしばらくの間ここで待たされた。すると向こうから、みすぼらしいオープンカーがやって来た。それは私たちを市街地のホテルまで送り届けるための車であった。暴風は依然として烈しく吹き荒れていた。ドロドロした貯油槽のそばを私たちが通り過ぎて行く際に、折からの強風にあおられマリアンの被っていた帽子が吹き飛ばされてしまった。

「あの帽子はどうしても必要だわ。たった一つしか持ち合わせがないのよ」

とマリアンは叫んだ。

私はすぐさま車から跳び降りてその帽子を追いかけたが、一瞬間に合わなかった。やっと追いつきはしたものの、すでに帽子は貯油槽の一つに浸かってしまっていた。油のしみ込んだ帽子を手にしてホテルへ帰り着いたとき、私たちはすっかり疲れ果てていたが、それでも暴風から脱出できた喜びで一杯であった。

演奏家の人生はいつもバラ色に輝いているとは限らないのだ。

バクーの街で私たちが最もエキサイティングに感じたことと言えば、カスピ海の対岸の方からやってきた一風変わったオーケストラの演奏を聴いたことであった。このオーケストラはミス・アンダースンのリサイタル会場となっている同じホールでコンサートを行った。

このオーケストラのメンバーは六〇名ほどで構成されており、私たちの全然知らない楽器で演奏していた。最初のうち彼らは椅子に座ったまま静かに奏でていたが、演奏が最高潮に達したところで、突然、オケのメンバー全員が立ち上がり、各自が楽器を頭上に高くかざしたままさらにエキサイティングな演奏を続けた。

私たち二人には彼らの音楽そのものよりも、演奏中の風変わりな立居振舞の方に興味を覚えた。彼らの演奏する音楽は単にリズムの付いたノイズのようであり、私のようなヨーロッパ人の耳には全くなじまないものであった。とは言え、彼らの演奏中のアクションは印象的であった。

ホテルへの道すがら、マリアンはこんなことを呟いた。

「私たちがこの方々の音楽について殆ど分からないのと同様に、もし彼等の方でも私たちの音楽を理解できないのだとしたら、ここで私たちがリサイタルを開く意味なんてあるのかしら。なんだか無駄のような気がするわね」

「とにかく、やってみることだよ」

と私は答えた。

ところが、そんな心配も杞憂に終った。ミス・アンダースンがリサイタルのプログラム曲を演奏したところ、あのオーケストラの奇妙な音楽にあれほど熱狂していた同じ人々がやんやの喝采でマリアンを迎えてくれたのである。

何でも楽しむことができて、多様な音の響きを吸収できる耳を持っているこの聴衆は何と幸せな人たちではないか。

次の訪問先は夏のリゾート地としてよく知られるキスロヴォックであった。そこはかつてロシア人の大金持ちらが治療のためにやって来た土地である。ロシア共和国政府が招聘した賓客として、私たちにはこの地で一か月間の休暇が与えられた。

コーカサス山越えの旅

私たちはティフリスからコーカサス山脈、グルジア峠を越える旅に出発した。ところが私たちには車がなかったので、他の大勢の人々と一緒に大型の乗合トラックを利用するしか他に選択肢がなかった。

出発の日は雨が降り出したため、屋根のないトラックでの旅は心地良いものではなかったが、高い山々の麓までやって来る頃にはもう雨はすっかり上がっていた。山あいの道は上方に向かって曲がりくねっていて、道の両側には鬱蒼《うっそう》とした森林がどこまでも続いていたが、そこから下方を見ると緑濃い渓間にかけて素晴らしい景観を望むことができた。

私たちは昼食を摂るために一軒の小さな民家の前で立ち止まった。世界でも最良の鱒がここで食べられると聞いていたからだ。もちろん私たちは空腹ということもあったが、とにかくここの鱒料理の味は格別であった。この家の周りに庭があって、そこでとても面白い光景に出くわした。庭には木製の太いポールが立っていて、これに小さなコーカサス熊がしっかりと繋がれていた。熊は忠実な番犬のように、周囲に目を光らせているように思われた。この熊は大きなぬいぐるみのようであった。私たちは熊にはあまり近づかないように言われていた。というのも、この熊は足を使って訪問客に危害を加えることがあったからである。マリアンがサクランボを与えると、熊は注意深く口に入れた後で種を取り出し、それをぽいと放り投げた。この小さな動物にはもう長い付き合いになる仲良しの友達がいた。それは耳と言葉の不自由な一二歳の少年であった。熊がサクランボを食べ終わるのを見て、少年は熊の方に駆け寄った。そして、そっと熊を抱きしめると、傍らにしゃがみ込んだ。じきに寄り添うようにお互いの腕を相手の背中に回して優しく抱き合った。

山道が次第に高度を増すにつれて周囲の木々は細く、そして丈が低くなっていった。そして終いには木々の姿はまったく見かけなくなった。残雪は多くなったが、道路は土埃りが舞い上がり乾燥した良い状態が保たれていた。最高地点までやって来ると突然、視界が開け、そこから素晴らしい眺望が私たちの眼前に現れた。この山越えの旅は思いのほか楽であった。やはり何と言っても、あのヨーロッパ・アルプスの大きな峠や危険な山道に比べると、ずっと楽な旅であった。

コーカサスの山々は概ね赤、緑、黄の三色を基調とした鮮やかな色彩を呈していた。このことは一方で、この山々に豊富な鉱物資源が存在することを物語るものであった。そうした素晴らしい色彩を満喫しながら、さらに旅を続けた。ふと前方を見ると村の子供たちが遊んでいた。私たちはここでしばらく休憩を取ることにした。子供たちはみな薄汚れた貧しい身なりをしていて、とても小さかった。彼らは透き通ったミネラル・ウォーターを私たちに提供してくれたが、それはとても新鮮な味がした。少女たちの一人がミス・アンダースンにペンシルが欲しいとおねだりをした。マリアンは手探りでハンドバッグから赤と青の二色のボールペンを取り出すと、それをこの少女に与えた。するとと少女はボールペンがとてつもなく大きく不思議なものであるかのような眼差しでじっと見つめた。そして長い間待ち望んでいたクリスマス・プレゼントをやっと貰えた時のように、嬉しさをその小さな身体いっぱいに表すのであった。

それから何時間か経って、私たちは先ほどよりも多くの子供たちが路上で遊んでいるところに出くわした。今度は子供たちからミネラル・ウォーターの提供はなかった。しかし彼らは私たちのために、この砂ぼこりの立つ路上で激しいコーカサスの踊りを披露してくれた。マリアンと私は子供たちのうちで一番上手に踊った子供に対して、ご褒美として五ルーブル札を与えた。小さな勝利者は札びらを頭上にかざすと、嬉しさのあまり大声で叫んだ。だがこれは他の子供たちを羨ましがらせることになり、すぐに子供たちの喧嘩が始まった。しばらく子供たちの様子を眺めていると、先ほどの一等賞の子供が道路の側溝に転がっている姿が目に入った。果たしてあの子はこれまでにお金というものを見たことがあるのだろうか、私はそんな思いにとらわれた。私たちの車がそこから離れていくとき、子供たちは依然として転げ回ったり、互いに相手の髪を引っ張り合ったりしていた。

マリアンは「お金には争いがついて回るものなのねえ」と言った後、しばらく後方の子供たちを振り返ったまま、じっと考え込んでいた……。

私たちがヴラディカフカースという都市に到着した時にはもうすっかり日が暮れていた。しかし、依然として私たちはガイドのいない旅を続けていた。

私たちの搭乗予定の飛行機は翌朝早くこの地を出発することが分かった。マリアンは早朝五時にはいつでも出発できる状態にあった。しかし、ホテルの案内係がその飛行機は定刻には飛ばないので、空港で待つよりもこのホテルで待機した方がずっと楽であると教えてくれた。私たちの便の出発が何時になるか、その案内係が私たちに知らせてくれたまでは良かったが、いつまでたっても出発便を知らせるアナウンスはなかったし、肝心の飛行機も到着しなかった。

汽車の便はなかった。また、ここ三日ばかり降り続いた雨の影響で、道路の状態はひどく悪化していた。私たちはたまりかねて、ホテルのマネジャーを通じて自家用小型機の手配をした。

空港でさらに一時間ほど待たされたところで、手配した飛行機がようやく到着した。機内いっぱいに群がり、ブンブン飛び回っている蚊の他に占有者らしきものは何もいなかった。私たちとガイドの計三人による空の旅が始まった。小型機は高度を徐々に上げ、パノラマのような壮大な眺望が私たちの眼前を通り過ぎていった。片側には朝日を浴びて黄金のバラ色に輝くコーカサス山脈があり、もう一方の側は果てしなく広がる耕地であった。

私たちのガイドはジョークの好きな若い男であった。私たちが素晴らしい景色に心を奪われている間に、サービス精神旺盛なこのガイドは操縦席まで行って、ミス・アンダースンを楽しませるために何か曲芸飛行でもやってくれないかとパイロットにかけ合った。パイロットはすぐさまこれに応じて、機を急上昇させるとキリモミ飛行を始めた。すると突然、私たちの姿勢が真っ逆さまになったように感じた瞬間、マリアンが「もうやめて頂戴。お願いだからやめて〜」と必死の形相で叫んだ。

私はガイドの席まですっ飛んで行き、ミス・アンダースンは嫌がっているので、もうこんな馬鹿なまねはすぐに止めさせるよう申し入れた。しかし、それでもなおこの若いガイドはパイロットに対し、もう一度曲芸飛行を繰り返すよう頼んだ。私はガイドの首根っこをつかむと力ずくで座らせた。

マリアンは飛行機が順調な飛行を続けているのが分かると、やっとほっとした気分になった。そして間もなく私たちはミネラリヌィエ・ヴォーディ飛行場に到着した。

ここから市街地まで私たちが利用できるような交通機関はなかった。そこでしばらく待っていたところ、平床でクッションのない荷馬車がやって来た。私たちはその荷馬車に乗り込み、床の中央に荷物を置いた。マリアンと私はその荷物を挟んで両側に座り、床から外へ足をぶら下げる格好となった。路面が石ころでごつごつしていたために、このオンボロ車は激しく揺れた。飛行場から七、八キロメートルほどの所で小さな停留所にやってきた頃にはもう、私たちは腹の中をぐちゃぐちゃにかき回されたような気分になっていた。

夕方になって私たちはやっとのことでキスロヴォツクに到着した。事前にこの地のホテルに宿泊の予約を入れてあったからである。飛行機で強烈なスリルを味わせてくれたあの若いガイドは依然として私たちに同行していた。

私たちがホテルのフロントで予約の確認をしたところ、最初に応対した案内係は予約のことについては何も聞いていないようであったが、別の案内係がそのことを承知しており、にこやかな笑みを浮かべながらボーイに指示して私たちを部屋まで案内させた。その部屋の階までやって来ると、そこから私たちは大変長いホールを通って一番端まで連れてこられた。ボーイはドアを開けると、私たち三人を招き入れるのに右手ですくうような仕草をした。そして彼は「よろしかったら、さあどうぞ」と私たちを促した。もちろん私たちははこのボーイに対し、多分この部屋は使わないと思うと答えた。現地のコンサートマネジャーの所在を確認するのにさほど時間はかからなかった。このマネジャーとしばらく話をしていたところ、彼が療養所の一室をマリアンが使用できるよう確保してくれていることが分かったので、私はすぐにそのことをマリアンに知らせた。

三週間のキスロヴォック滞在によって私たちは十分な休養が得られた。何度も風呂に入ったし、ハイキングにも出掛けた。それによって私たちに必要な鋭気が十分に養われたのである。

リサイタルの開催を頼まれるとマリアンは快くそれに応えた。リサイタルの半ばで突然すべての照明が消えた。この療養所の中は暗く、たった二本のキャンドルの他に何も見ることはできなかった。ピアノの上に置いた譜面の両側にそれぞれ一本ずつキャンドルが立てられた。このような一風変わった薄明かりの舞台でマリアンのプログラムは進行した。

聴衆の表情を確かめることは殆どできなかったが、彼らは普段と大変異なる雰囲気の中でマリアンの歌を大いに楽しんでいるように思われた。

マリアンはナルザンの鉱水の風呂に何度も浸かった。この風呂は人体への治療効果があるように思われるし、実際これによって私たちがこのあとモスクワに戻り、コンサートを続けていくための新たな活力が得られたのであった。

矛盾に満ちた大国、ロシア

モスクワを訪れた際に、ミス・アンダースンと私は当時最も優れた演劇俳優の一人とされる人物の家に招待された。その俳優の名はユーリ・ユリエフ［一八七二～一九四八　ロシアの俳優でソ連人民芸術家］と言い、伝統ある俳優養成学校の出身であった。彼は運の良い男で、これまでずっと古家に住んでいた。家の中は至る所に骨董家具が置かれていたので、室内を自由に動き回ることができない状態にあった。

招待客の中に有名な演劇プロデューサーのフセヴォロド・メイエルホリド［一八七四～一九四〇　ドイツ系ロシア人。スターリンによる大粛清で犠牲になった］とその夫人がいた。その夜はとても賑やかな晩となり、ヴォトカのボトルが次々と空になっていった。マリアンは決して酒を口にしない人であったから、そこに居合わせた客人たちに現れたアルコールの影響が彼女の冷静な目にどう映ったのであろうか、さぞかし面白かったに違いない。またミス・アンダースンは大変寛容な心の持ち主でもあったから、それがどんな事であれ、また誰であれ非難することはなかった。ただし、彼女の面前で私が鏡に向かってグラスを投げつけたときのことは、恐らく唯一の例外であろう。

ところでメイエルホリド夫人は実に愛嬌のある人であった。しかし正直なところ、私は彼女の髪型だけは何とかならないものかと思った。ちっとも似合わないし奇抜なヘアスタイルであったから、誰一人として本当に彼女の素顔を見ることはできなかった。彼女は前髪に櫛を入れて、目が隠れる位に長く垂らしていた。夜も更けて、私は彼女の髪型のことをもう黙っていられなくなり、不躾とは思ったが彼女に向かってずばりその話を切り出した。

「ねえ、貴女の髪型は似合ってないように思えるのですが……」

彼女はちょっぴり不快の表情を見せると、口元を尖らせながら答えたものだ。

「そう言えば、私の父も同じようなことを言っていたわね。馬だって私の髪型を見たら怖がるぞって。でも、それ本当なのよ。どの馬だって私を見て本当に怖がるんだから」

モスクワ滞在もいよいよ大詰めを迎えて、マリアンと私は大金持ちのような気分になった。新聞紙にくるんで持っている私たちの全所持金は、あと一日のモスクワ滞在には十分過ぎる金額であった。マリアンの買い物のお供をした後、私は公園のベンチに腰掛けていた。公園の中央にある砂場で子供たちが遊んでいる一方で、貧しい身なりのお年寄りが大勢ベンチに腰掛けていた。そこから少し離れたところに身体の不自由な老婆がいて、ベンチからベンチへと何気ない素振りであったが、明らかに物乞いをして回っていた。その種の行為はロシアでは厳禁となっている。

その老婆がこちらへ近づいてきた時に、彼女の顔がちらりと見えた。彼女の薄汚れた顔には深いシワが刻まれていて、餓死寸前の老婆のような形相をしていた。灰色の髪は古ぼけた帽子の下でひものように垂れ下がっており、目の表情には何か絶望的な悲しみが現れていた。彼女がびっこをひきながらやって来たので、私はポケットから一番高額の札を取り出し、それを小さく折りたたんで握りこぶしの中に隠した。

彼女が私の真ん前に立ち止まった時、私は素早くこのお札を彼女の手のひらに握らせた。だが彼女には何食わぬ顔をしてその場をやり過ごすような芸当はできなかった。札びらを広げたところ高額紙幣であることが分かり、感極まった彼女の目からは頬を伝って一筋の涙がこぼれてきた。彼女は松葉杖をその辺に放り出して私の足下にひざまずくと、ほこりっぽい私の靴に口づけをした。彼女は私の足先をしっかりと自分の胸に引き寄せたので、彼女の身体の震えが直に伝わってきた。強く握りしめたその手を振りほどくのは容易ではなかった。私には胸が締めつけられるような光景であった。

周りの人々は私たちに何事が起こっているのか気づき始めた。まず子供たちが集まってきた。

そして遠くの方からこちらに向かってくる警官の姿が目に入った。私はその老婆にもう一度ささやいた。

「おばあちゃん、そんなことはよして。すぐ僕の足を離さないと、ほら警官がこっちへやって来るよ」

すると彼女は信じられない素早さでお札を折りたたみ、それから松葉杖をつかむと幽霊のごとく藪の中に消え去った。

その後、私たちがモスクワの鉄道駅に到着すると、そこには大勢の人々が私たち二人を見送りに来ていた。その中には目に涙を浮かべたトル氏、コリシェル氏、その他数人の友人たちがいた。

マリアンは友人たちにお別れの挨拶をする際に、ハンドバックからハンカチを取り出した。すると、その時にハンドバックから鍵、口紅、化粧道具入れなど色々な小物を落としてしまった。

そしてダイヤモンドが駅のプラットホームの上をばらばらになって転がっていった。

トル氏が大声で叫んだ。

「マリアン、マーリアーン、ダイヤモンドが落ちたよ～」

マリアンは手を振り続けながらにっこり笑うと、トル氏に向かって大声で答えた。

「みんな貴方の物だから、拾って取っておくのよ～」

トル氏にとってはこれがマリアンの慈善行為の恩恵を受ける最後の機会であった。

列車はゆっくりと動き始めた。神聖なるロシア、この矛盾に満ちた大国は遠からず私たちの記憶の中だけに生き続けることになるだろう。
さようならロシアよ……松葉杖やダイヤモンドと共に……。

パリで大成功

一九三四年の春、マリアンはパリのサル・ガヴォーで計三回のリサイタルを開催した。これら一連のリサイタルの開催は、彼女の有能なゼネラル・マネジャー、ヘルメール・エンワル氏の示唆によって実現したものであった。マリアンのヨーロッパ諸国におけるリサイタルはすべて彼の手で準備されていた。計三回のリサイタルはいずれも大成功であった。そして、この成功が端緒となってその後の世界的な名声へとつながったのである。

第一回目のリサイタルでは客の入りはあまり良くなかった。しかし、第二回目でチケットは完売となった。最初のリサイタルが行われた後、次のリサイタルまでの間に彼女のリサイタルについて批評記事が出ていたのは一回のみであったから、パリの音楽愛好家はことさら性急に音楽評論家の見解を自分たちのコンサートガイドとして鵜呑みにすることはなさそうなことがお分かりいただけるかと思う。

世界の多くの国々では、一般大衆というものは評論家の言にどうしても左右されがちであるが、フランス人は彼ら自身の見識をちゃんと持っているのである。従って、彼らがある演奏家のことを気に入ればホールは一杯になるし、反対に気に入らなければ客の入りはがらがらである。その理由の一つとして考えられるのは、パリでは演奏会の批評は通常、演奏会が終わってからしばらくして——一週間とか、時には数週間を経てから——新聞に掲載されるということである。そんなわけで演奏家が二回のリサイタルを短い間隔で続けて開催する場合、一般の聴衆はこれから行ってみたいと考えているリサイタルに関しては、事前に参考になるような批評記事に接する機会がないことになる。

サル・ガヴォーでのコンサートを契機に、ミス・アンダースンのもとには出演契約の引き合いが数多く寄せられるようになった。イタリア、スペイン、ベルギー等の国々から音楽マネジャーが相次いで飛行機でやって来た。そしてどのマネジャーも自分の国でマリアンのリサイタルを是非開催したいと熱心に誘ってくれた。それまでのマリアンはリサイタルの機会など夢物語に等しい状況であったから、自分のコンサートが開けるなんてまるで別世界のことのように厚い壁を感じていたのである。パリでの三回の出演によって、今やそうした音楽マネジャーたちは当初にいくらか赤字は出るにしても、マリアンで十分に客を呼べるという確信を抱くようになった。しかし、そうは言っても、その他の国々からやってきた有力なマネジャーたちが自分のところに所属するアーティストの顔ぶれに何か物足りなさを感じて、マリアンの存在を意識し始めるまでにはまだしばらく時間を要した。だが、それから程なく彼らも忙しくなっていった。

これらの有力なマネジャー諸氏の中でも、特に私たちのパリ公演のマネジャーであるフリッツ・ホロヴィッツ氏については格別の思い出がある。彼はマリアンの米国におけるマネジャー、ヒューーロック氏を通じて、北米、南米およびオーストラリアでのリサイタル開催に係わるすべてのお膳立てをしてくれた人物である。

私たちが様々な国々で接した現地マネジャーとの交流は良い思い出としていつまでもミス・アンダースンの心の中に残るに違いないと思う。時には彼らとの間で大きな意見の相違もあった。しかし、何事にも良識をもって冷静かつ率直に対処したいというマリアンの強い意志があったので、そのような意見の食い違いも何とか乗り越えることができたのであった。

ミス・アンダースンのローマにおける最初のリサイタルはサンタチェチーリア音楽院ホールで開催された。この古くからの伝統がかもし出す独特の雰囲気は、私たちに畏敬の念さえ抱かせた。詰めかけた大勢の人々でホールは一杯になり、舞台上の椅子席に座らなければならなくなった人も多かった。このようにステージの奥にも聴衆がいる場合、演奏者は自分の立つ位置の前後に聴き手がいることになるので、双方に顔を向けながら歌うのはそう簡単ではないが、彼女は時折、自分の後ろの聴衆を振り返りながら次々にプログラムをこなしていった。

ところで、私たちの別のリサイタルで起こったエピソードをここで紹介したい。この時もやはりステージの上まで客が一杯であった。聴衆の中に耳の不自由なご婦人がいて、ピアノ伴奏している私のすぐ近くの席に座っていた。彼女は長い角型の補聴器を付けてマリアンの演奏を楽しんでいたのであるが、ミス・アンダースンが正面の客席に向かって歌っているときは、明らかに何も聴き取れていないような素振りを見せていた。そのご婦人は何とか聴き取ろうとして必死であった。私に対して、どうか一曲だけでよいからミス・アンダースンが舞台上の聴衆に向かって歌ってくれるよう意思表示するのであった。私は承知したことを示すためにうなずいて見せたが、このご婦人はじっと待っていることができない性分であった。一連の歌が終わって一区切りついたところで、彼女はステージ上の自分の席から離れて、オーケストラの方へ降りて行ってしまった。舞台に立つミス・アンダースンの真正面の位置までやって来ると、よく聴き取れるように補聴器の角の部分を高く上げてミス・アンダースンの登場を待ち構えた。私は控室に戻った時、マリアンにこの事を伝えた。そして引き続き残りの曲を歌う際にはステージの後ろの客にも顔を向けるように頼んだ。もちろん彼女はそれを実行した。マリアンがホール正面の客席に背中を向けたところ、オーケストラの傍らに立っていたそのご婦人の表情には大きな失望の色が見えた。マリアンが一曲歌い終えると、すぐさまそのご婦人はステージ上の自分の席を目がけて駆け戻って行った。しかし、今度はマリアンが反対側を向いて歌う結果になった。結局、ミス・アンダースンはこのご婦人を見ることはなかったし、ご婦人の方はマリアンの歌唱を聴くことはなかったのである。

イタリア皇太子妃からの招待

時刻は午後四時であった。私たちは開演の合図を待っていた。客席の方でも人々はロイヤル・ボックスのあるバルコニーの方に視線を移し、今宵は誰がその席に着くのだろうかと思いを巡らせながら、リサイタルの開始を今や遅しと待っていた。

いよいよ皇太子妃マリーア・ジョゼ［一九〇六～二〇〇一］とその随行員たちが入場すると、ロイヤルボックスのそれぞれの席に着いた。

イタリアの聴衆を前にリサイタルを行うのはとてもエキサイティングなことである。世界は広しといえども、彼らに比べられるような聴衆はいないのではなかろうか。彼らは歌が気に入った時はやんやの喝采を送るが、たとえそれがどんなに偉大な歌手の演奏であったとしても、特にこれといった印象がなければまるで死人のような沈黙が生まれるのである。他の国の場合は、そこで歌われた曲が特別気に入ったか否かはさて置き、だいたいにおいて観客の拍手喝采には何らかの儀礼的なやり方が多少なりとも見られるのである。恐らくそうすることが演奏者に対する親切ないしはエチケットであると心得ているのであろう。ところがイタリア人は全然違う。イタリアを訪れる演奏家はこのようなイタリア人聴衆の特異な反応を十分に知っておく必要があろう。

ミス・アンダースンは北イタリアでは既に何回かリサイタルを開催していたが、その際に私たちは幾度か奇妙な体験をしていた。例えばそのうちの一回ではこんなことがあった。そのリサイタルでは異常なぐらい烈しく拍手が鳴り響いていた。ところが、どういうわけかそのうちの一曲だけ聴衆が殆ど沈黙したまま、まったく反応を示さなかったのである。客席がしんと静まり返っている中を私たちは控室に戻ってきたのであるが、やはり二人とも心中穏やかではなかった。しかし、私たちがローマまでやってきた頃には、もうそのようなイタリア人聴衆の特異な反応にもすっかり慣れていた。そして、ミス・アンダースンの内に秘めた闘志はそんなことで動揺することはなかった。

このリサイタルの休憩時間中にサン・マルティーノ伯爵が控室に私たちを訪ねてきてくださると、皇太子妃の名代としてマリアンと私の二人に対し、リサイタルの全プログラム終了後にロイヤルボックスまでお越し願いたいとの要望が伝えられた。私たちは皇太子妃が音楽好きで、ご自身もピアノが達者な方だということはすでに聞いていた。最後の曲を歌い終えたところで、私たちは控室からロイヤルボックスの方へ案内された。

皇太子妃は実にチャーミングな女性であった。背はすらりとして高く、つんとすましているように見えたが、私たちにとても丁寧な挨拶をなさっていた。彼女はどこかよそよそしい皇室の上品な雰囲気を漂わせていたが、マリアンには心のこもった優しい言葉をかけてくださった。少し会話が続いたところで、皇太子妃は私たちに対し翌日の夕方五時にクイリナーレ宮殿を訪ねてくるようにと言葉を掛けてくださった。サン・マルティーノ伯爵は私に、その際には譜面を忘れずに伝えるとともに、彼自身が私たちのエスコートをしてくれるということであった。彼はサンタチェチーリア音楽院の院長であり、当然ながら宮廷や音楽界では著名な人物であった。

翌日の午後五時五分前に王宮に到着すると、私たちは大広間に通された。そこにはすでに招待客がみな集まっていた。皇太子妃に仕える職員に関して言えば、男性はみなエレベータ係を含めて、六フィート〔約一八〇センチ〕を超える上背の持ち主であった。彼らは華やかな制服を着用し、大きな身振りでせっせと敬礼を繰り返していた。皇太子妃の侍女は私に向かって優雅ではあるが、いささか形式ばった挨拶をした。そして私たちを三五名ほどの招待客に紹介してくれた。これら招待客の中には四人の王妃を始め多くの皇太子や皇太子妃が含まれていたが、そのような各国の王室関係者は大勢いて私には数え切れなかった。

最後に入ってきたのは若き皇太子で、歩くときに靴がキュッ、キュッという音を立てていたが、彼自身はそんなことは少しも気に掛けていないようであった。マリアンにはそれがほほえましく映ったらしく、「まあ、気の毒な皇太子」と私に呟いた。

やっと大きな扉が開かれると、私たちは全員が皇太子妃の音楽室として使用されている豪華な部屋に入った。皇太子妃は濃紺のガウンを身にまとい、これまで私が見たこともないような美しい大きな真珠をあしらったブレスレットを手首にするなど、優雅な出で立ちで部屋の中央に立っていた。彼女は正式に私に向かってピアノの方へ来るようエレガントな仕草で促した。ミス・アンダースンは一歩前に進み出た。それから私たちは短いプログラムによる演奏に移った。

アンダースン一家
後列母アンナ、前列左から妹アリス、マリアン、妹エセル
1910 年頃

ューヨークフィルハーモニック・
ーケストラと共演した頃のマリア
・アンダースン　1925 年頃

北欧の音楽プロモーター、ヘルメール・エンワル氏の妻、テレーゼ（左）とともに枯れ草集めをするマリアン・アンダースン　1934 年 スウェーデン

フィンランドの作曲家
ジャン・シベリウス
1934 年

ジュゼッペ・ボゲッティ
マリアン・アンダースンの声楽教師
1937 年

③

マリアン・アンダースンの歌を聴くコンスタンティン・スタニスラフスキーと演劇関係者たち
1935年 モスクワ

ザルツブルクのモーツァルテーウムで演奏するマリアン・アンダースンとコスティ・ヴェハーネン
1935年8月

米国に向かうイル・ド・フランス号船内のマリアン・アンダースンとコスティ・ヴェハーネン
1935年12月

パリのオペラ座でのリサイタルで歌うマリアン・アンダースン　1937 年 12 月 14 日

⑦

聴衆はリフレクティング・プール（幅 51 メートル、長さ 618 メートル）の周りを囲むように集まっている。

リンカン記念堂の野外コンサートに集まった 75000 人の聴衆を前に歌うマリアン・アンダースンとコスティ・ヴェハーネン　1939 年 4 月 9 日

リンカン記念堂コンサートで 75000 人の聴衆に向かってマリアン・アンダースンを紹介した後、握手を交わすハロルド・イッキーズ内務長官（左） 1939 年 4 月 9 日

全米黒人地位向上委員会（NAACP）の年次総会でエリノア・ローズヴェルト大統領夫人（左）よりスピンガーン・メダルを授与されるマリアン・アンダースン（右）1939年7月2日

ハリー・バーレイ
ペンシルヴェニア州生まれの歌手、作曲家、
黒人霊歌の編曲者　1940 年頃

地にいる米軍人向けの映像メッセージのために、ストコフスキーの指揮でウェストミンスタークイアカレッジ聖歌隊とともにシューベルトの「アヴェ・マリア」を歌うマリアン・アンダースン
944 年 12 月のクリスマス

▲日比谷公会堂でマリアン・アンダースンのリサイタルを聴くエリノア・ローズヴェルト大統領夫人
（左から３人目）1953 年５月

▼日本側関係者らの歓待を受けて、慣れない座敷でリラックスするマリアン・アンダースン
（前列中央）と伴奏ピアニストのフランツ・ルップ（前列左より２人目）1953 年５月

トロポリタン歌劇場公演「仮面舞踏会」でウルリカ役のマリアン・アンダースン（左）とジンカ・ラノフ（右）1955 年

▲米国音楽プロモーター、ソル・ヒューロック（前列中央）らと語り合うマリアン・アンダースン（後列右）とピアニストのヴァン・クライバーン（後列左） 1958 年 1 月

▼アイゼンハワー大統領より国連アメリカ代表の一人に任命され、国連人権委員会で討議中のマリアン・アンダースン（前列中央）1958 年

晩年のマリアン・アンダースンと後列左からジェシー・ノーマン、ジェームズ・レヴァイン、キャスリーン・バトル　1990 年から 1991 年にかけて

ホワイトハウスでブッシュ大統領夫妻と歓談するマリアン・アンダースン　死の前年　1992 年

五曲続けて歌った後に私たちは次の広間に通された。この部屋で招待客がみな紅茶と軽食を摂っていると、皇太子妃の小さな女の子が誇り高い乳母に抱きかかえられて、その場に登場となった。その子は利発そうな黒い瞳を持ち、とても愛らしい赤ちゃんであった。そんな小さな女の子ではあったが、さすがは王室の子供である。王室流にあごを引いて頭をぴんと高く保ち、気品を漂わせていた。各国の王妃の方々だけがその子の傍らに歩み寄って抱きかかえることが許された。マリアンと私は少し離れたところから立ったままの姿勢でこの様子を眺めていた。

軽食を終えたところで私たちは再び音楽室に戻り、プログラムの続きを演奏することになった。そこにイタリア人高官で貴族的な雰囲気のある一人の紳士がいた。彼は先日のマリアンのリサイタルで歌われた曲の中で特に気に入った曲があるので、それをどうか歌って欲しいと言う。最初のうち私たちは対応を決めかねていた。というのも、この会の主催者は皇太子妃であると同時に選曲も彼女が行っていたからである。しかしながら、この紳士はなおも執拗にマリアンへの説得を続けたので、やむなくミス・アンダースンは彼の要望を受け入れると、その曲を歌った。

リサイタルの最後になって、皇太子妃はマリアンに対し特別にあと一曲を所望された。もちろんマリアンがそれに応えたのは言うまでもない。予定した歌がすべて終了し、マリアンと私はこのままその場に留まるべきか、それとも失礼してこの部屋から出て行ってよいものか分からなかった。それで立ち去ろうとして少し動きかけた時、私たちの意図に気付いたサン・マルティーノ伯爵はさっと近づいてきて、ミス・アンダースンの腕に触れながら、「すみませんが、まず王妃の方々が先になります」とそっと耳打ちした。そして参会者は高位の者から順に部屋を退出し、とうとう私たちは最後になった。

皇太子妃はミス・アンダースンにお礼の言葉を述べた。それから私に対して「また今度イタリアにいらっしゃる機会があれば、必ずお手紙で知らせてくださいね。今度はナポリにある私の家で大きなリサイタルを開いて欲しいですわ」と付け加えた。

私たちがこの美しい王宮から車で立ち去ろうとしているとき、伯爵は皇太子妃からの記念の品に何がよいかと私たちに尋ねた。恐らく彼は飾り物か何かを考えていたのであろう。しかし、ミス・アンダースンは彼に対して、二人とも皇太子妃の写真を頂戴できたら有り難いと伝えたのであった。

それから数週間が経ち私たちがパリに滞在している折りに、パリのイタリア公使館より特別クーリエ便［国際宅急便］が私たちのホテルに届けられた。その中には芸術性漂う上品な額縁に入れた皇太子妃の肖像写真が入っていた。私たちにとってそれは格別素晴らしい贈り物であったから、マリアンは感謝の気持ちで一杯になった。

その後、私たちが演奏旅行を続ける間に、滞在先のホテルの彼女の部屋にはその時の写真が机上を飾っているのを私はしばしば見かけている。ミス・アンダースンがこの写真を見つめている時、あの魅力溢れる皇太子妃の宮殿でいずれ行われることになるリサイタルを彼女はきっと思い浮かべていたのであろう。

トスカニーニの賞賛

およそ五〇年前のバイロイトと同様に、最近までザルツブルクの名は音楽界における栄光に包まれていた。夏季にはここを訪れる人々でどこもごった返していた。彼らはみな素晴らしい音楽に対する渇きを癒すためにこの地を訪ねてくるのである。しかし、バイロイトは何もかもが一人の大作曲家の名前に集中していたのに対して、ここザルツブルクの魅力は何と言っても最高レベルの指揮者の顔ぶれに揃ってお目にかかれる点にあった。中でもとりわけ輝いていたのがアルトゥーロ・トスカニーニ［一八六七〜一九五七］であった。

著名な指揮者とお近づきになれる場所によく知られた演奏家が集まってくるのはごく自然の成り行きであった。いよいよこの美しいザルツブルクの町で音楽界をあげての様々な夏季音楽会議や音楽祭が始まった。古い歴史を持つこの素敵な町はモーツァルトゆかりの音楽祭を開催するには理想的な場所である。そしてモーツァルトという名前はこの地で演奏される音楽に祝福の手を差し伸べてくれているように思われるのである。

マリアン・アンダースンのリサイタルは一九三五年の夏、ザルツブルクのモーツァルテーウムで開催された。しかし、当時の彼女はザルツブルクに集まってきた大勢の人々の注目を浴びるほど知られた存在ではなかった。このうら若き声楽家のことはまだ単なる噂の域を出ていなかったのである。彼女のリサイタルへの招待状は多数発送され、その中の一つは指揮者のアルトゥーロ・トスカニーニにも届いていた。だが、実際にリサイタルの会場まで足を運んだ人は少なく、会場には空席が目についた。それでもマリアン・アンダースンの力量が知れ渡るに十分な著名人は会場に姿を見せていた。そして、じきに彼女の名前は口こみで広まっていった。彼女は音楽界で影響力を持つ音楽家たちの注目と信頼を地味ながらも勝ち得ていたのである。

そのころ著名な米国人女性、ガートルード・モールトン夫人がザルツブルクに滞在していた。彼女は大の音楽愛好家で、特に彼女の母国アメリカを代表する歌手としてマリアン・アンダースンの歌唱芸術に大きな期待を寄せていた。音楽界の最も著名な人物たちが集まるこの地で、それら音楽界の重鎮らの脳裏にマリアン・アンダースンの名前が一番強く刻み込まれるものと彼女は確信していた。そこで早速ミス・アンダースンのために私的なリサイタルを準備する一方で、ザルツブルクの友人知人たちを片っ端から招待したのであった。彼女はトスカニーニとは知り合いではなかったので、当初彼の名前は招待客リストには入っていなかった。しかし、トスカニーニの耳にはマリアンとその歌唱芸術についての噂はすでに伝わっていたようで、彼はリサイタルに出向いて行きたいとの意向を示した。もちろん招待状は発送された。トスカニーニがマリアンの歌唱へ関心を示したことで、彼女はとても幸せな気持ちになった。

ミス・アンダースンの歌を聴きに来た客人たちに私はこれまで会ったこともなかった。彼らは当時ザルツブルクの芸術分野において最も著名な人たちであった。最前列にいる宗教界の名士たちの中央には、このザルツブルクの町の枢機卿が座っていた。彼の色彩鮮やかな衣装と祈祷用の帽子は、他の人々が概ね単一の色調でシンプルなアフタヌーン・ドレスであるのに対して、ひときわ異彩を放っていた。

指揮者全員とロッテ・レーマン［一八八八～一九七六　二〇世紀前半のドイツを代表するソプラノ歌手。一九三八年にナチスドイツがオーストリアを併合すると、活動の場を米国に移し、オペラ引退後はコンサート歌手としても活躍した］をはじめ多くの歌手たちも聴きに来ていた。

ミス・アンダースンはシューベルトの曲から数曲、ブラームスの「五月の夜［Die Mainacht］」、そして彼女の最も得意とする「主は十字架の上に［Crucifixion］」など黒人霊歌を数曲含む短い演奏プログラムで臨んだ。

プログラム最後の歌が終わると、トスカニーニとブルーノ・ワルター［一八七六～一九六二］の二人がマリアンの控室を訪れて歌のお礼を述べた。その後に引き続いて催された茶会の席では枢機卿と同じテーブルに座っているマリアンの周りを皆が囲んで談笑していた。そして彼らはマリアンを熱心に賞賛したのだが、マリアンに一言も声を掛けることなく、いつの間にかすーっと消えていった有名な歌手がただ一人いた。

この席でマリアン・アンダースンの歌唱芸術について寄せられた多数の賛辞を今ここで繰り返すことは割愛し、一例のみ記しておきたい。これこそ最も重要であると考えるからである。それはアルトゥーロ・トスカニーニがシャルル・カイエ夫人に話した言葉であった。

「今日ここで聴いた歌は百年に一度の歌唱でしたよ」

トスカニーニは耳にしたマリアンの声のことではなく、聴いたものについて触れたのである。つまりそれは声だけでなく、彼女の歌唱芸術全体について述べたものである。そして私がこうして書くように、音楽界全体の空気もトスカニーニが語ったように、マリアンの歌唱が高く評価されていることが私にはよく分かった。

マリアン・アンダースンはこの大指揮者の指揮棒でこれまで一度も歌ったことはない。しかし、ブラームスの「アルト・ラプソディ［Alt-Rhapsodie］」のソロパートをブルーノ・ワルターの指揮の下、ヴィーンで歌っている。彼女はそれまで一度だけこの曲を歌ったことはあったけれども、この長くて難しいソロパートを暗譜で歌ったことはなかった。ワルターとのリハーサルでは譜面を手にして歌った。オーケストラの団員がみな帰った後、ブルーノ・ワルターは彼女をピアノの傍らに呼び寄せると、自らピアノを弾きながらこの曲を最初からどんどんさらっていった。彼はマリアンに歌い方を教えることよりも、むしろ歌手ではないこの自分でさえアルトソロのパートを譜面なしで歌うことができるのだから、マリアンにできないはずはないということを何とか彼女に理解させたかったのである。だからわざわざマリアンのためにソロパートを歌うことさえしたのであった。ひと通り練習を終えると、彼はマリアンに向かって「それではまた明日、よろしくね」と言った。そして、すぐに次のことを付け加えた。

「あっ、そうそう、私とのステージではこれまで誰も譜面を見て歌った人はいなかったなあ」

マリアンはかすかに微笑むと、ホールを後にした。私たちはホテルに戻って直ちにソロパートの練習に取りかかった。そしてマリアンは私に向かってきっぱりと言った。

「私ね、明日は暗譜で歌うわ」

私たちはそれから夜が更けるまで入念に練習を行った。さらに翌朝になってもう一度。いよいよコンサートの開始である。マリアンはステージに向かって静かに歩を進めた。そして譜面を持たずにオーケストラの前方に構えた。これを見たワルター氏は一瞬驚いた表情を見せたが、その顔からはじきににこやかな笑みが洩れた。そしてミス・アンダースンがこれといったミスもなくこの難しいブラームスのラプソディを歌い終えると、ワルター氏は自分の手をマリアンの方へ一杯に差し出し、心から祝福の握手を交わした。

聴衆のほめたたえる言葉がマリアンの耳に届く。聴衆がもの凄い拍手で応えてくれる時ほど歌手冥利に尽きるものはない。それは会場の聴衆がみなマリアンに対して感謝の気持ちを抱き、演奏者であるマリアンと心をひとつにしていることの証でもある。

例えば、大学生や高校生のような若い聴衆から長い大きな拍手をもらうと、演奏者は大変感激するのである。この種の聴衆はその若々しく力強い手で大きな拍手をしてくれるのであるが、しばしば彼らは足まで使ってホールの床を踏み鳴らし、まるでハリケーンのような烈しい音をたてて若さ溢れる熱狂を見せてくれるのである。

しかし、これは私の個人的な見解であるが、一方で沈黙というものが演奏者に対する聴衆の絶賛の表れとなる場合も時として有り得るのである。畏敬の念と沈黙の瞬間を聴衆の中に生み出すことのできる演奏家は滅多にいるものではないことは紛れもない事実である。マリアン・アンダースンはこのような稀にしか起こらない聴衆の反応を数回経験していた。それらはいずれの場合もペイン編曲による黒人霊歌「主は十字架の上に」を歌った直後に起こった。

言うまでもないことであるが、この種の称賛の表し方というものは聴衆の文化的レベルが極めて高い場合にのみ期待することができる。そしてマリアンがここザルツブルクで受けた聴衆の称賛がまさにそれに当たるものであった。彼女の歌う「主は十字架の上に」が終わると、このハイ・レベルな聴衆は皆それぞれの座席に深く腰を落としたまま、沈黙の時間の中でじっと息をこらしていた。誰も身体を動かす者はいなかった。息を呑むような沈黙の時間が過ぎていく。譜面を閉じて次の曲の譜面を開くことが殆どできないぐらい私は緊張していた。それからどうにか次の曲の伴奏に移ったとき、極度の緊張から私の手は小刻みに震えていた。

マリアンはほんのしばらく目を半ば閉じたままその場にじっと佇んでいた。それから私の方にゆっくりと顔を向けながら目を開いて微笑むと、再びその目を閉じた。そして次の曲を歌い始めた（ミス・アンダースンは歌っている間、よく目を閉じていることをここで付記しておきたい）。

これと同様のことが以前にも二度ばかり起こっていた。それらは二回とも北欧の国で、それぞれ異なる状況の下で行われた演奏会における出来事であった。一度目はフィンランドのとある教会の中で歌った時のことである（教会ではたまたまピアノは使用されていなかったので、私たちは仕方なく伴奏用にオルガンを使った。北欧の人々は信心深いところがある）。

二度目はスウェーデンの小都市の教会で行ったリサイタルの時に起こった。この時は伴奏用にピアノを使用したが、拍手は禁止されていた。聴衆は拍手をする代わりに手にしたハンカチを頭上高く揚げると、本当に素晴らしい歌だったという気持ちを込めて左右に大きく振り続けていた。演奏家にとってこのようなホール一杯に揺れ動く白いハンカチの海に遭遇することは、聴衆から大喝采を浴びるのと同様に大変嬉しいものである。

しかしながら、ミス・アンダースンがスウェーデンの教会で「主は十字架の上に」を歌い終えた時、ハンカチは一枚として振られることはなかった。聴衆は誰ひとりとして手を頭上にかざす気にならなかったのである。その代わり、彼らは座席に深く腰を沈めたまま各人がハンカチを取り出し、頬を伝ってくる涙をそっと拭き取っていたのであった。

レッスンやプログラム作りあれこれ

さて、話をさらに続ける前に、私がミス・アンダースンと知り合う以前に私の演奏活動の中で起こった数々のエピソードの中から幾つかをここでご紹介したい。ヨーロッパで私は幸運にも当時最も高名なコンサート歌手二人と演奏活動を共にする機会があった。

そのうちの一人はカイエ夫人である。彼女は米国生まれの歌手で、ドイツ歌曲に独自の素晴らしい演奏スタイルを持つ円熟した声楽家であった。当時、彼女はヴィーンおよびミュンヘンの歌劇場でコントラルトの主役を歌っていたが、これらの歌劇場で彼女はあの大作曲家にして指揮者のグスタフ・マーラー［一八六〇～一九一一］の下で歌う機会があった。彼女はドイツ歌曲の解釈でマーラーから友達のようによく教えてもらっていた。彼女と共に音楽活動を行った五年間に、私たちのリサイタルの開催はおよそ五〇〇回から六〇〇回を数えるまでになっていたが、私はそのような音楽活動の中から、特にフーゴ・ヴォルフやグスタフ・マーラーの歌曲のオーソドックスな解釈法を彼女から学んだのである。もちろんその他の作曲家のドイツ歌曲についても、彼女から多くを学んだ。カイエ夫人は有名な作曲家の歌曲だけでなく、才能ある若い作曲家の作品についても積極的にプログラムに採り入れていった。

私がこうしてカイエ夫人と親しくしていた頃、ミス・アンダースンはほんの短期間であったが、ヨーロッパで歌の研鑽に努めていた。その間、彼女は歌の勉強を兼ねて休暇をいつもヨーロッパで過ごしていた。私はマリアンに対して古くからの私の友人であるカイエ夫人のことを話し、彼女の下でグスタフ・マーラーの一連の歌曲に取り組んでみてはどうかと勧めてみた。カイエ夫人はその年、ラジウム治療で有名なチェコスロヴァキアの小さなリゾート地、ヤーヒモフで休暇を過ごしていた。彼女は生徒数五、六名の声楽クラスを担当していたが、このクラスにマリアンは加わった。授業は市の郊外にあって当時使用されることのなかった学校の施設で行われた。俗世から離れたそこには特別な平和と静寂があったので、私たちはこの地の滞在を大いに楽しんだ。この素晴らしい声楽教師の下で、マリアンは一連のマーラーの歌曲をじきに自分のレパートリーに加えていった。

しかし、私たちの短い休暇も奇妙な結末で終わりを迎えることになった。マリアンと私がヤーヒモフを発った翌日、刑事たちが私たちの滞在していたホテルにやって来るなり、カイエ夫人の部屋を捜索したのである。これには当然ながらカイエ夫人も大変驚き、何故そのようなことをするのか理由を尋ねた。結局、彼らはこの捜索で何ひとつ不審なことを見つけることができなかったので、カイエ夫人に丁重に詫びるしかなかった。言い訳がましい彼らの説明によれば、家宅捜索の趣旨は私を含むカイエ夫人とその生徒たちが窃盗団と何らかの関わりがあるとする告発があってこのような事態になったという。私たちはカイエ夫人の率いる窃盗団の一味と考えられており、私は明らかに実行グループのリーダーで、大きなドラムの中に三〇〇〇足のストッキングを隠してこの国に持ち込み、生徒らに指示してそれらの品々を売りさばいていたという容疑であった。まったく身に覚えのない馬鹿ばかしい話であった。私はドラム奏者ではなかったから、ドラムなど持ち歩いたりするわけがないことは誰もが承知していることであった。

だが、そうは言っても実際にこの馬鹿げた事件の顛末《てんまつ》が公式記録として残っていたために、その後に行われたチェコスロヴァキア演奏旅行の際、私たち二人はトラブルに巻き込まれる羽目になった。事が大変厄介になったので、私たちはフィンランド公使館の関係者を通じてこのトラブルの解決と新しいビザの取得を依頼した。やっとのことで新しいビザを取得した私たちは彼らに心からの感謝の気持ちを伝えた。

ミス・アンダースンの歌唱技術に資するところ大であったもう一人がジェルマン・ド・カストロ夫人であった。彼女の指導の下にミス・アンダースンはフランス語とフランス歌曲に取り組んだ。

この声楽教師はフランス語の特に明瞭な言葉遣いを徹底して仕込んでいくタイプの人で、とても熱心にマリアンを指導した。そして、そのような指導が実を結びマリアンのフランス語はもとより、発声にもますます磨きがかかった。彼女の発声は柔軟さを増し、明瞭になってきた。音程がフラット気味に歌うのは多くの黒人歌手に見られる傾向であるが、カストロ夫人の指導によってマリアンのこうした欠点は殆ど解消された。

カストロ夫人に学んでいる期間、ミス・アンダースンはニースとモンテカルロの間に位置するリヴィエラ地方に家を借りていた。彼女はここで思う存分、豊かな自然に触れることができた。そして彼女は家を購入して休暇のすべてを紺碧の地中海に臨むこの地で過ごしたいと切に願った。

その頃に住んでいた家は一階のガレージの隣に音楽室が付設されている大きな家であった。この変わった部屋の間取りは私たちにとって好都合であった。互いに邪魔されずに済んだので、カストロ夫人とマリアンのレッスンも平均して一日三回行われたが、素晴らしい成果を生んだことは言うまでもない。

当然ながら読者の皆さんの中には、一体どのような方法でマリアンは新曲に取り組んでいるのか関心ある方もおられることと思う。それには特別な秘策があるわけではない。一曲ずつ実際に声を出して、こつこつと取り組む以外にない。まず最初に私がマリアンの演奏会プログラムに相応しいと思われる曲を数多くリスト・アップしておき、その中から私たちは二人でそれら一連のプログラム候補曲を選んでいくのである。そして選び出したそれら候補曲を私がまずピアノで弾いていく。私たちはどのように組み合わせれば一つのまとまりのある歌の構成となるかを検討した上で、個々の曲目について真の理解が得られる前にひとまずプログラム原案を作ってみる。私たちは歌詞の意味を掘り下げて理解を深めていくが、たとえ曲がどんなに良くても歌詞が気に入らなければ、マリアンは決してプログラムに含めることはしない。

それから一曲ずつ順々に練習を始めていく。最初の一週間は実際の譜面よりも音程を一オクターヴ下げて歌う。従って第三者が聞いたら、きっと男性が歌っていると勘違いされることだろう。この段階で私が行う助言の内容は、単にピアノ伴奏を付けて正確なリズムで何度も繰り返し歌っていくことである。技術的な側面が十分に出来上がったら、マリアンは楽譜を持って自室に行き歌詞を憶えていく。その翌日ないし翌々日にメロディと歌詞が覚えられていたら、私たちは各々の曲の本格的な仕上げに取りかかる。

ある日、私がローランド・ヘイズ宅を訪れたときのことであった。私たちは何曲か互いに歌ったり感想を述べたりして、あれこれ音楽談議を楽しんでいたが、ヘイズ氏がシューベルトの歌曲にテンポ・ルバート［フレーズ内のテンポを自由に加減すること］をつけて歌うのを聴いて驚いたことがあった。彼自身の説明によれば、シューベルトの歌曲でさえも他の歌手たちと同じような歌い方はしたくないようであった。つまり、彼としてはどんな曲であれ自分自身の美意識をその曲に見出して演奏したいのである。ミス・アンダースンもこれまでずっと、こうした表現力を高める勉強に注力してきた。彼女は従来からある伝統的な歌唱法ではなく、彼女の内面にある美意識の理想と劇的な感情表現に重点をおいた歌い方、つまり彼女自身のキャラクターを描き出す歌唱法を見出そうとしているのである。

これがマリアン・アンダースンの創り出す歌唱芸術を理解する上での重要な点である。それらは極めて個性的なものであり、時として非常に変わった印象を与える場合もあるが、その歌唱には常に彼女の内面にある感情が正しく表れているのである。伝統を知ることは必要であるが、創造性のない歌手にとって伝統を乗り越えていくのは危険なことでもある。しかし、ミス・アンダースンのレベルの歌手にとっては、一つの伝統は自分独自の美を創造するための単なる跳躍台にすぎないのである。

歌がほぼ出来上がった段階で私たちは実際に彼女が本番のステージで歌う時と同様の声量でリサイタルのプログラム全曲をさらっていく。それから、必要ならプログラムの曲順を変更したり、時には別の曲との入れ替えも行う。

演奏会用のプログラムについてはリサイタルの開始から終了までの全般にわたって綿密に検討した上で決めているが、これまで演奏してきたプログラムは概ね内容の充実した第一級のものであり、バランスもよく取れていた。

リヴィエラの日常生活ではコロンビーヌという名のフランス人女性で、とても気立ての良いメイドがいた。彼女は私たちの食欲をそそるようなフランス料理をこしらえてくれた。彼女は私たちの食事を毎日作ってくれたのであるが、食卓に並んだ料理を前にして、この食物には体力の回復に効き目のある特別なものが含まれているからなどと説明することがよくあった。例えば、ある時はこの料理は肝臓に良い……云々といった具合に、いつも私たちに講釈してくれたものである。

そうこうするうちに、マリアンには次第に美食家的な嗜好が身に付き始めた。マリアンが初めてヨーロッパにやって来た頃、自分は母国料理の方がよいからと言って馴染みのない料理は受け付けなかった。しかし、例えばカタツムリ料理、カキの特別料理、スウェーデン風のパンケーキであるプレットトールなどフランス料理やスウェーデン料理の絶妙な味を知ってから、彼女は次第にそれまでのような米国料理一辺倒のこだわりは見せなくなり、今では本当にヨーロッパ料理が好きになり始めたのである。マリアンにとってヨーロッパ式のナイフやホークの使い方は最初のうちどうもしっくりこないようであったが、しばらく時が経つうちにそれも大分板についてきた。そして彼女はもはや以前のように左手をテーブルの下に置いて食事をすることはなくなっていた。

メイドのコロンビーヌはミス・アンンダースンを喜ばせようと、いつもかいがいしく働いていた。私たちが食事を終えテーブルから立ち去る時に、私たちが彼女の料理に満足した表情を見せたり、あるいはどの皿もみな食べ残しのないことが分かると、コロンビーヌは私たちに喜んでもらえたと感じて嬉しそうに微笑むのであった。

リヴィエラでは興味深い人々との出会いがたくさんあった。ある日のこと、ミス・アンダースンが特別に開いた食事会の一つにペルシャ［現イラン］の皇太子妃オーファが賓客として招かれた。皇太子妃はフィンランド生まれで、ペルシャの皇太子夫人となっていた。かつてのスリムな美人も今ではいささか格幅のよいご婦人になっていたが、彼女の教養の深さと魅力的な人柄にはどこか人を惹きつけるものがあった。彼女はコンスタンティノープルにあるハーレム［イスラム教国における婦人部屋］でかれこれもう二五年も過ごしていたが、未亡人となった今はハーレムを出てモンテカルロのリヴィエラにある彼女の居城で余生を過ごしていた。

まだ若かった頃、地元ヘルシンキで新聞記者をしていた彼女は、私たち二人の共通の友人である作曲家シベリウスにまつわる面白いエピソードを話してくれた。その話というのはこんな内容であった。クリスマスの朝のこと、彼女がヘルシンキの花屋の店先に立っていたところにシベリウスがちょうど通りかかった。彼はふと立ち止まると彼女の書いた最新の新聞記事について、大変良く書けており、それを読んでいるうちに新曲を書こうという新たな意欲が触発されたことを彼女に告げた。彼は花屋のショーウィンドウの方を向いて、「ここの花は全部貴女のものですからね」と身振りを交えて話した。それから、彼女のためにバラの花を全部買い上げるつもりで店内に入っていった。ところが、彼が店から出てきたとき、その手にバラはたった一輪しかなかった。その一輪のバラを彼女に手渡しながら、彼は「本当にごめんなさい。お金をあまり持っていなかったものだから」と言って彼女に謝った。

マリアンは皇太子妃の話すコンスタンティノープルでのかつての暮らしぶりやハーレムの様子に面白そうに耳を傾けた。皇太子妃は私たちにハーレムのご夫人方や娘たちの話をしたり、それから明るいエレガントな絹の衣装と貴石を身に付け、腰には剣をぶら下げた高位の召使いについて話してくれた。この召使いはハーレムで飼育されている多数の鳥たちの世話をする役目を担う重要な人物であったという。

この美しいリヴィエラ滞在は余りにも短かった。マリアンはもう一度ここへ戻ってきたいと思った。私たちは色々なことを計画したり希望を語り合ったりしたのだが、計画通りにいかないのが世の常である。翌年の夏に予定していた私たちのリヴィエラ再訪は結局、実現することはなかった。

ミス・アンダースンのリサイタル用のプログラムを準備する上で間接的ながら役立ったのは、有名なフィンランド人のバリトン歌手ヘルゲ・リンドベリ［一八八七〜一九二八　フィンランドのオペラおよびコンサート歌手。バッハやヘンデル作品の歌唱で定評あったが、若くして肺炎のため急逝した］であった。私がまだマリアンと知り合う以前の私自身の音楽体験の中で、彼の存在は非常に大きな位置を占めていた。彼は初めての米国公演を前にその契約書に署名した後、ほどなく四〇歳という若さで亡くなってしまった。この歌手の米国における知名度が低い背景にはそのような事情があった。リンドベリは当代きってのバッハやヘンデルの歌い手であったが、彼はまた芸術性をとことん追求する性分で、何事につけてもこうしたやり方を貫いた。リサイタルのために彼が用意したプログラムにはいつも重みのある曲が並んでいたが、彼はこのようなプログラム構成を音楽マネジャーや聴衆の気を引くために変更する気はさらさらなかった。要するに、彼は自分のやりたいようにやったということになる。

彼がパリで初めて有名なコロンヌ管弦楽団の伴奏で歌った時のことを思い出す。その時の演奏プログラムには、ヘンデルのあまり馴染みのないオペラ・アリア三曲が含まれていた。伴奏するオーケストラの指揮者は、これまでパリでこのような曲を演奏した歌手はいないからと言って、リンドベリのプログラム通りでは指揮はできないとして一旦は演奏を断った。これに対して、リンドベリの方は「自分で選んだ曲でないと歌いませんよ」ときっぱり答えた。こうした彼の主張に驚きつつも興味を抱いた指揮者は、参考までにプライベートで歌を聴かせてくれないかと頼むと、彼はそれに応じた。リンドベリの歌唱を聴いた後、指揮者は直ちにリンドベリの用意したオリジナル・プログラムに同意した。

リンドベリは熱心に各地の博物館や図書館を巡って未公開のままになっているクラシック曲の楽譜の草稿を探し回り、多くの優れた作品を見つけ出した。こうして彼の発掘した曲は彼自身のレパートリーに次々と加えられていった。リンドベリのレパートリーの中で最も定評のある曲の一つにバッハの「十字架カンタータ［Kreuzstab Cantata］」があったが、彼はそうしたバッハの世俗的カンタータを数多く手がけた。そしてバッハの音楽への強い関心とその演奏解釈によって、彼は数あるバッハ協会の名誉会員として迎えられたのである。

私はこれまで幾度となくミス・アンダースンにこの声楽家のことを話してきた。彼女は大いに興味を抱いたようで、彼の歌っていたその種の曲をもっとよく知りたいとの意向を持っていることが分かった。そのような彼女の願いは真面目なものであったし、時期的にもちょうど良い頃合いかと思われたので、私はリンドベリ自身の収集した楽譜を実際にあたってみて勉強してはどうかと勧めた。

自身もアーティストであるリンドベリの未亡人はとても親切な方で、今は亡き夫の蔵書から必要なものは何なりと使用しても構わないと、私に約束してくれた。当時、彼女はバフエティ・

ショーの一座と共に公演旅行で世界中を回っていたが、ヴィーンにある夫妻の古い自宅はその当時のままに残されていたので、そこへ私が自由に出入りできるように取り計らってくれたのである。

ミス・アンダースンが初めてヴィーンを訪問した折りに、私はこの旧友のアパートメントの鍵を預かっていた。その鍵で入口の扉を開けると、正面の壁には彼自身が制作した木彫りのお面が掛かっていた。にっこり笑ったそのお面の下に彼はこうしたためていた。

〝また来てくださいね、お客さん〟

にっこり笑ったお面を見たその時、私は奇妙な気持ちにおそわれた。

室内にあるものはどれも厚いほこりに埋もれていた。私は彼の寝室をのぞいてみた。すると私の頭の中にあの懐かしい過ぎし日の佳き思い出が鮮明に甦ってきた。私はいとおしさのあまり両手で優しく包み込むようにあの古いピアノに触れた。マリアンの声質に合った曲を探すために、彼の収集した膨大な楽譜のコレクションを次々とピアノで弾いていく作業を私はしばらく始めることができなかった。しかし、ほこりにまみれた譜面をぱらぱらとめくっていくうちに、かつて私が色々と書き込みをした跡がそのまま残された美しく珍しい曲を何曲か見つけた。

この分厚い楽譜の束をマリアンのために持ち帰ったところ、彼女はそれを手にとって自分の胸にしっかりと抱きながら、大きな声でその喜びを表した。

「彼のことが今やっと分かったような気がするわ」

この時を境にミス・アンダースンにあの古き佳き歌のレパートリーを大切にしようという気持ちが芽生えた。そして彼女は秀でた珍しい曲を心底歌いたいと思った。

ミス・アンダースンのリサイタル用プログラム曲のもう一つの収集方法として、私たちは次のようなことをしていた。すなわちマリアンと私に休暇ができると、彼女の依頼を受けて私はスイスのチューリッヒにある音楽出版社ユーグス社に出向き、そこで楽譜を探すのである。そうしてヨーロッパでは最高の楽譜のコレクションを見つけた。博識であるオットー・モーザー氏の助けを借りて私は何時間もそこに座り続け、それらの譜面をすべてピアノでなぞりながら貴重な曲をたくさん収集していった。

このようにして見出した曲の数々について、ミス・アンダースンは今や質量ともに第一級の楽譜のコレクションを有しており、その中から私たちは素晴らしい作品をいくらでも思い通りにリサイタル用に取り出し、さらに絞り込むことができるようになった。

悲劇性を帯びた歌曲の演奏

著名な音楽家で作家でもあるジョン・アースキン［一八七九～一九五一　長くコロンビア大学教授を務めていた］が近頃こんなことを書いている。

「マリアン・アンダースンの歌唱の質は最高レベルのものである。また、彼女のプログラムを聴いた後では、どんな歌手のプログラムも実に安っぽく感じる。ある芸術分野に関わるすべての人々の鑑賞力を引き上げる手助けができることは、最も運の良い教育者だけに与えられた特権である。私はマリアン・アンダースンをそのような最も幸運な人々の中に位置づけている」

しかし、そのような第一級のプログラムを組めるようになるまでには実に長い道のりが必要であった。これはよく知られていることであるが、今から一〇年ないし一五年前の米国の聴衆にとって、コンサートの理想的なプログラムの構成はできるだけ多くの作曲家の作品が含まれていることとされていた。しかし、一般聴衆の音楽知識が大変豊富になった今日ではコンサートのシーズンになると、程良く構成されたリサイタルのプログラムに大体いつもお目にかかれるようになった。しかし今日それでもなおリサイタルのプログラム曲目がすべて同一作曲家の作品で構成されている場合、これに文句をつける人がいるのも事実である。このような理由から、演奏家の多くは一回のコンサートでは何人かの異なる作曲家の作品を取り上げたいと考えるのである。

二〇年ほど前のドイツにおける一般的な演奏会のプログラムはこれとはまったく正反対であった。一人の作曲家の作品のみによるプログラムが今どきで粋なものとされ、「シューベルトの夕べ」、「フーゴ・ヴォルフの夕べ」の如く銘うったコンサートがもてはやされていた。もとより私はそのようなプログラムが単調になりがちだなどと言うつもりはない。ただ最高レベルの歌手にとって、そのようなプログラム構成が相応しいとは思えないのである。コンサートの世界で高い地位を維持するために、大歌手というものは自身の芸術的スペクトルの中にあらゆる色彩を有していなければならない。そういう点から言えば、一人の作曲家の作品のみでその演奏家の持っている多彩な色を表現するのは容易なことではないからである。

ミス・アンダースンがヨーロッパにやって来た当初の演奏プログラムは典型的な米国スタイルのものであった。数多くの作曲家の作品がプログラムに並んでいたが、その中にはまったく重要でない作曲家の曲も幾つか混ざっていた。ドイツのベルリンでマリアンを最初に指導した声楽教師は新しく米国からやってきたこの弟子を熱心に教える中で、種々の異なるタイプの新しい曲をたくさん紹介した。

マリアンの北欧諸国における最初のリサイタルのプログラムには、当地の聴衆にお馴染みの曲は含まれていなかった。この地を訪れる演奏家のリサイタルのプログラムにはたいていドイツ語、フランス語、イタリア語の曲がたくさん並んでいたので、ミス・アンダースンのプログラムはこうした点に欠けているのが目に付いた。けれども彼女の声の素晴らしさはそれだけで聴衆を魅了するに十分なものであった。

マリアン・アンダースンはまさしくヘンデルやシューベルトの歌い手であると私が言っても、それはあながち見当はずれにはならないと思う。ヘンデルやシューベルトの歌曲に流れている明瞭で美しく長い旋律線と深い悲しみを帯びた情感は、彼女の持ち声や性格に最も適したものと言える。もしマリアン・アンダースンが作曲家であったなら、彼女はやはりこれら二人の作曲家のスタイルで作曲するに違いない。

ある時、マリアンのリサイタルのプログラムについてシベリウスと話をしていたところ、ジャン・シベリウスは「なかなか良いセンスをしてるじゃないの。君の意見に同感だね。前世紀はバッハの世紀だったけど、我々の世紀はヘンデルだよ」と語っていた。

ミス・アンダースンの歌唱の中でも、特にヘンデル作品の歌唱には定評があり、その解釈も実に当を得たものであった。

彼女のリサイタルのプログラムに欠点があるとすれば、恐らくそれはオペラ・アリアの分野ではないだろうか。このオペラ・アリアについてはまだレパートリーは以前のままになっている。しかしながら、それはミス・アンダースンのせいでもなければ、私のせいでもない。要するに、大歌手のプログラムにはオペラのアリアが含まれていないと完璧なものではないと思い込んでいる人々の側に問題があるのではなかろうか。

現代音楽に対するマリアン・アンダースンの考え方は実にはっきりしている。すなわち、不快な音や不明瞭なハーモニーを大変嫌うのである。そのような音楽はこの困難な時代を反映し、音楽、演劇、絵画、文学、建築などの文化を封印するような一種の病的なものが含まれているように感じるのである。

その他の点でも彼女の見解は私のそれと完全に一致している。例えば、わずか一〇個の良音によって置き換えることのできる一〇〇〇個もの悪音がずらりと並んでいるような無調音楽を私たちは決して楽しむことはない。

彼女の歌う黒人霊歌に関しては色々な意見が述べられているが、この種の歌を彼女が大変好んでいることは明らかである。黒人霊歌は彼女の子供時代の記憶を今もなお心の中に呼び起こしてくれる、そういう歌なのである。また宗教はマリアン・アンダースンの人生哲学の芯を成すものであり、彼女はこうした黒人霊歌を他の黒人歌手よりもさらに精神性を重視して歌うのである。リサイタルでの彼女は精神的に最も高揚するとき、しばしば譜面どおりのメロディーではなく、即興で一つ二つ別の音を挿入して歌うことがある。彼女は他の歌手がよくやるような、それら黒人霊歌の持つ子供のような純真さを強調するのではなく、深い宗教的な感情を強調するのである。

ローランド・ヘイズやポール・ロブスンはそれぞれ別の視点から黒人霊歌を解釈する。しかし、どちらが正しくて、どちらが誤っているという問題ではあるまい。だが少なくともミス・アンダースンによる黒人霊歌の解釈は、大変高いレベルに到達していることだけは間違いないと私は考えている。彼女の歌う黒人霊歌「主は十字架の上に」は彼女の最良の歌の一つである。この歌唱からは彼女の声が有する素晴らしい色彩やビロードのような柔らかな感触が伝わってくる。そしてまた心を打つ歌詞はすべての人間へのメッセージとなっている。しかし、何と言っても彼女の芸術性が最も高く現れているのがシューベルトの「アヴェ・マリア［Ave Maria］」か「影法師［Doppelgänger］」、シューマンの「私は恨みはしない［Ich grolle nicht］」、ヘンデルの「挨拶

［Begrüssung］」か「フルートの穏やかな調べ［Der Flöte weich］」、それからバッハの「来たれ、甘い死よ［Kom' Süsser Tod］」、その他である。

ミス・アンダースンのリサイタルに関するプログラムの批評で時々お目にかかるものに、彼女のリサイタルにはもっと軽妙で楽しい曲が含まれていないという言い種がある。私はそのようなことを問題にする人々をメトロポリタン歌劇場の監督に対して、なぜリリー・ポンスはカルメンの役を歌わないのか、キルステン・フラグスタートはシューベルトの「ミニヨン」を歌わないのか、あるいはジョヴァンニ・マルティネッリはビゼーの歌劇「カルメン」の闘牛士の役を歌わないのか、などと尋ねる人々に喩えてみることにしている。演奏家は自身の資質や性格の限界を踏み越えてしまったまさにそのとき、失敗することになるのである。

［リリー・ポンス：一八九八～一九七六　フランス出身のソプラノ歌手。米国メトロポリタン歌劇を代表するコロラテューラ・ソプラノとして活躍した］
［キルステン・フラグスタート：一八九五～一九六二　ノルウェーのソプラノ歌手で、特にヴァーグナーオペラのソプラノとして評価が高かった］
［ジョヴァンニ・マルティネッリ：一八八五～一九六九　二〇世紀前半に活躍したイタリアのテノール歌手］

しかしながら、エレオノラ・ドゥーゼやサラ・ベルナールは悲劇的な役どころで評判を取っていたが、時たまコミカルな役を演じることはあった。映画の世界でもグレタ・ガルボについて同様のことが言えよう。

ミス・アンダースンはアンコール曲として、例えばリザ・レーマンの「カッコウ」のような軽妙な曲も数曲用意しており、これらの曲を彼女はにこやかな表情で歌い、その演奏解釈には自信が溢れている。しかし、何と言ってもマリアン・アンダースンの素晴らしさは、その悲劇性を帯びた歌曲の演奏にある。

［エレオノラ・ドゥーゼ：一八五八〜一九二四　イタリアの舞台女優で、フランスのサラ・ベルナールのライバルと目されていた］

［サラ・ベルナール：一八四四〜一九二三　フランスの舞台女優。アール・ヌーヴォーという新しい芸術運動の中心にいた人物］

［グレタ・ガルボ：一九〇五〜一九九〇　スウェーデン出身の米国ハリウッドの大スターであった］

［リザ・レーマン：一八六二〜一九一八　父親がドイツ系の英国ソプラノ歌手で、結婚後は歌曲の作曲家としても名を成した］

もう一つの「強情［Obstination］」という題名のアンコール曲はビアンキーニ［Bianchini］の作品である。マリアンと私はヴェネツィアでこの作曲家に会った。ここでは人々がゴンドラに乗ってリサイタル会場まで行く。ミス・アンダースンは世界的な成功をおさめたコンサートでこの歌曲を歌って好評を博したが、そのときに彼はこの曲の楽譜の草稿を私たちに献呈してくれた。彼はこの楽曲の出版を望んでいた。しかし、実は当時そのようにできない理由があった。この曲の素敵な歌詞はたいへん太ったご婦人の作品であった。この女性は訪問客があっても玄関先まで行かずに、いつもベッドに横たわったままの姿で客人を迎えていた。彼女の顔はとても美しかったが、いつも虎の毛皮を身にまとっていた。また彼女の立ち姿を見た者は誰もいなかった。この曲を出版する話が持ち上がったとき、当然ながらこのご婦人の許可を得る必要があった。そのためビアンキーニ氏は彼女の住むパリまで訪ねて行ったのであるが、とうとう彼女を捜し出すことはできなかった。美しい顔と虎の毛皮は消え失せており、誰一人として彼女の消息を知る者はいなかった。そのような事情から、結局この曲は当時出版することができなかったのである。作曲家の方はそれから四年間も待った末に、そのご婦人の消息が分からないままこの曲を自分の責任で出版した。

ミス・アンダースンのリサイタルのプログラムと言えば、恐れながら私自身の曲のこともちょっと触れさせていただきたい。私は彼女のためにアンコール曲として編曲した素敵なフィンランド民謡のメロディを思い起こす。私はあのころ作曲家気取りで編曲したのではなかった。この曲は色彩が豊かでアンコール曲に相応しい歌であった。彼女のニューヨークにおける最初のリサイタルでこの曲は大好評を博し、二度歌われることになった。

翌日、ギャラクシー・ミュージック社のディレクターであるウォルター・クレイマー氏から、この曲がすでに出版されているかどうか尋ねられた私は次のように答えた。

「いいえ、まだですよ。草稿にすらなっていないんですから。私の頭の中でまだ温めている段階なんですよ」

彼は私に対して、その曲を譜面に書いてもらいたいこと、それからできることなら、いずれ出版させて欲しいと言った。そうして彼は実際にその曲を出版したのであった。

それからの私はマリアンのリサイタルのプログラムに使えるように、性格の異なる色々な歌の作曲を始めるようになった。これらの歌を作曲するという作業は私にとって実に楽しいものであった。以前から詩を書くことは私には比較的易しい作業であったが、今ではそのような詩を最も相応しい形で曲に当てはめることも容易にできるようになった。

このような作業を行うようになって私の人生にまた一つ新たな魅力が加わった。これはクレイマー氏のお陰であるし、またミス・アンダースンにも本当に感謝している。彼らは私が作曲するきっかけを作ってくれた人々であったから。

マリアン・アンダースンはレコーディングに際して、自分の声の響きが細部にわたりできるだけ自然で、かつ完璧な収録を期して懸命に努力する。そのためには経験だけでなく旺盛な研究心と忍耐力が必要となるのだ。彼女は収録した自分の声の響きが普段より小さくても、また大きくても気に入らなかった。

レコードやラジオで聴く歌手の声が必ずしも最良のものとは言えないのは当然である。一曲のクライマックスがどこにあるのか見出すのが不可能なレコードに出くわすことがしばしばある。それは歌手のせいであるよりも、むしろ録音技師の側に問題のあることが少なくない。

ラジオ放送でミス・アンダースンの声は美しく自然な響きで私たちの耳元に聞こえてくることはよく知られている。しかし、レコーディングになると事情は大分異なる。優れたレコーディングには演奏家のみならず、録音スタジオの技術者らの力量も重要になってくる。これはラジオ放送向けに収録する場合も程度の差こそあれ、やはり同様のことが言えるのである。

スタジオ録音の仕事があるとき、マリアンは予め決められたスケジュールはきっちり守るよう常々心掛けている。時にはスタジオでの収録が予定より短くなることもある。例えば最初の曲を収録した後で普段の水準に達していないと感じたら、その日はもうレコーディングはやめにしたいと彼女は関係者に対し事情を説明する。たとえスタジオのディレクターが素晴らしい出来映えだと言ってくれたとしても、そんなことはマリアンにとって重要ではなかった。彼女はこうしたスタジオ録音のことでも自分の気持ちをとても大事にする人である。絶好調であっても一回のスタジオ訪問で六曲も収録すれば、決してそれ以上続けたりはしない。

数年前にはパリでヒズ・マスターズ・ヴォイス社より出されたシューベルトの「死と乙女［Death and the Maiden］」で彼女はその年の最優秀レコード賞を受賞している。

リリースされた彼女のレコードの大多数は素晴らしい出来映えとなっているが、必ずしもマリアンがそれらのすべてに満足しているわけではない。ごく僅かにせよ彼女のベストとは言えないレコードが出ている理由は、彼女が公演旅行であちこち回っている間に彼女の了解なしにリリースされたものが混じっているからである。

ミス・アンダースンは聴衆が多ければ一層燃えるタイプの歌手であり、会場が超満員の時など最高の歌を聴かせてくれる歌手だと私は思っている。そういう意味では、コンサート・ホールと違って聴衆のいないラジオ放送やレコーディングスタジオの場合、必ずしも彼女の歌唱が最高の結果につながっているとは言えない場合があるかも知れない。

三つのダイヤモンド

ミス・アンダースンが単に上手な歌手から世界的に著名な演奏家へと見事な成長を遂げたことには目を見張るものがあったが、衣装に対する彼女の考え方にも同様に急激な変化が出てきた。以前はシンプルなデザインのものに固執していた彼女であるが、今ではもっとセンスの良いバラエティーに富んだデザインの衣装を身にまとうようになっている。

まだ若い伴奏者の時分から、私はソロイストがどんな衣装でステージに現れるのだろうかと、いつも強い関心を持って見ていた。かのパリ・オペラ座の有名なプリマドンナ、アイノ・アクテ［一八七六～一九四四　パリ音楽院で学んだフィンランドの著名なソプラノ歌手］の伴奏者を務めていたときのことであるが、彼女はいつも私を衣装棚の前に連れていき、その中からリサイタルで着用する衣装を選ばせていたものである。いつだったか彼女がオペラ「ロメオとジュリエット」の第二幕で着用したことのある衣装を私が彼女のコンサート用に選んだことがあった。当時、私の衣装選びのセンスはあまり芳しいものではなかったことがお分かり頂けたかと思う。

しかし、私がミス・アンダースンと知り合った頃には、もうその時々の状況に相応しい衣装やスタイルというものがどんなものであるか、私の目もかなり肥えていた。私たちが知り合った最初の頃、彼女はすそに飾りのついていない地味な衣装を着用していた。彼女の好みの色はブルーであった。それから私は彼女が米国からヨーロッパに持ってきた白いサテン生地で縁取りのないぴっちりした無地のドレスを思い出すのである。

あるとき彼女のバッグの口がかすかに開いていて、そこから原色の赤い布地がちらりと見えた。私は一体それは何だろうと思った（その当時、まだ私には彼女の手荷物をバッグに詰めたり、持ち運んだりすることは任されていなかった。それから彼女はバッグの中を他人に覗かれるのをひどく嫌がっていたこともあって、バッグはいつも閉じたままになっていた）。私はマリアンにその素敵な布地は何かと尋ねたところ、白地のサテンの舞台衣装に合わせたケープであると気のない返事が返ってきた。

「折角持っているのに、どうして使わないの。その色はとても良く映えると思うんだけど」

「でもねえ、ステージで着るのはちょっと無理だと思うの。何しろ色がきつ過ぎるのよ」

「気に入らないってこと?」

と私は尋ねた。

「いえ、とても好きよ」

と彼女は答えた。

私はあの素敵な赤いケープを身に付けてはどうかと毎日のように彼女を説得した。とうとう根負けしたのか、彼女はそのケープを思い切って舞台で使ってみようと思い立った。果たして、実際にステージで使った結果は聴衆の間に好印象を与えたようだ。それからは彼女は赤いケープを頻繁に着用するようになった。

彼女は背が高くすらりとしているので、すそ飾りのあるフォーマルな舞台衣装を身にまとえばどんなにステージで引き立つことだろう、と私は常々頭の中でそう思い描いていた。しかし、マリアンはいつもこんな風に言っていた。

「すその飾りは無しよ。そんな衣装、私は絶対に着ないわ。すそ飾りがあると歩きにくいのよ」

公演ツアーのため私たちがスウェーデンのストックホルムに滞在中、私はもう一度彼女を説得してみたところ、とうとう彼女は短いすそ飾りの付いた素敵な衣装を買い求めた。私は嬉しかった。マリアンのステージ衣装の見立て役もこれで卒業だと思ったのである。ところが、この衣装を着て第二回目のリサイタルに臨んだとき、もうそのすそ飾りを見ることはできなくなっていた。彼女自身がハサミですそ部分を切り取ってしまったからだ。

私生活での彼女はごくシンプルな服装をしていた。

ベルリンで彼女が被っていた最初の帽子を決して忘れることができない。着慣れた衣服は確かに着心地が良いものである。だが、どの写真にもその帽子を被ったミス・アンダースンが映っているのを見て、私は何がなんでも彼女の目に付かない所にそれを隠してしまおうといたずら心が芽生えた。それにはどんな方法がよいのか考えあぐねていた。

私はミス・アンダースンの部屋に入ったことは殆どなかったし、彼女は自分の部屋から出る時はいつもその帽子を被っていた。もちろん彼女がそれを被っている時にひったくるわけにはいかない。

ついにチャンス到来である。私たちはホテルの一室でリハーサルをしていた。使用した小さなアップライト・ピアノが部屋の一隅に斜めに置かれていた。練習の時にマリアンはいつも帽子は取っている。その時は帽子をピアノの一番上に置いていた。マリアンが私に背を向けているすきに、私は帽子を素早く彼女から見えないピアノの裏側に押しやった。

練習が一段落して部屋を出て行く際、彼女はちらっと視線を帽子の方に向けたが、帽子は見当たらなかった。

「この部屋に入ってきたとき、私って確か帽子を持っていなかったかしら？」

と言いながら帽子を探し始めた彼女を見て、私はすかさず答えた。

「いや、見なかったけど」

私の目をじっとうかがう彼女の視線を感じた。しかし、私は彼女の言動をあまり気にせずに、ただ忙しそうな素振りをしながら楽譜をしまった。彼女はホテル中を尋ねて回ったのだが、どうしてもあの帽子を発見することはできなかった。

きっと誰かがお土産だとか、良い記念にしようと持ち去ったのだろうなどと言ってとぼける一方で、私はマリアンを大いに慰めた。その後、マリアンが新しい帽子を買わざるを得なくなると、ひとつどころか次々と買うことになったのはおかしくて仕方がなかった。彼女はあの帽子をなくしてしまったことで、私を責めたりはしなかった。もちろん、いたずらの犯人が私であることなど彼女には思いもよらぬことであったから。

ミス・アンダースンが実にエレガントな衣装を初めて買い求めた店はストックホルムのエヌ・コー［ＮＫ百貨店のこと］であった。美しいたたずまいの高級店で、そこでは最新のパリのファッションにお目にかかることができた。彼女が買った最も素晴らしいロングドレスの一つは見事な輝きを見せる黒真珠をちりばめた黒のレースの衣装であった。

当時、彼女はいつもハンカチを持ってステージに登場した。黒のレースの衣装を着用したリサイタルでは、人から贈られた大きなレースのハンカチを手にして現れた。マリアンには何となく自分の手が大きく見えることを気にしているようなところがあった。彼女がステージの中央に立って歌う構えに入った際に、ハンカチで両手を覆うような仕草がよく見られた（実際にミス・アンダースンの手は表現力が豊かである）。聴衆の中には、マリアンはハンカチが好きだと見ると、せっせと彼女にハンカチを送り届けるファンも現れた。一番最初に使っていたハンカチはサイズが小さく廉価なものであったが、その後これ以上大きいものは見つからないほど大型のものへとエスカレートしていった。そして、いつの頃からかマリアンはハンカチを手にしてステージに現れることはしなくなった。

しかし、最初のドレスのことがあってから、彼女はロングドレスのすそを切り取るようなことは決してしなかった。代わりに、もっとすその長いロングドレスを着用するようになった。ミス・アンダースンは幸運にもデザイナーとして実に腕の良い人物にヴィーンで巡り会った。マリアンの好みにぴったりの衣装を見事にデザインしてくれたその人はラディスラウス・チェッテル教授で、彼はマリアンのために大変高価な衣装の型見本を制作した。それらの中から彼女はその時々のリサイタルに応じて、自分が最も引き立ちそうなものを選ぶことができたのである。

チェッテル教授がマリアンのために一番最初に制作した衣装は、白地のサテンに長いすそ飾りの付いた美しいデザインのものであった。肩の辺りには同じ素材で作った大きなスカーフを巻きつけていたが、このスカーフは二、三の異なる巻きつけ方ができるようにデザインされていた。

彼女はこの衣装を他のどれよりも特に好んで着用した。

チェッテル教授が制作してくれたものはマリアンのコンサート用の衣装だけではなく、まったく新しいタイプの衣装のデザインも手がけてくれた。そして、この頃を境にマリアンは着こなし上手の洗練された女性となっていった。

この点に関連して、私はマリアンの宝石類についても一言触れておきたい。私の記憶では、最初は金の指輪であった。これはとてもシンプルなもので、高校生や大学生が卒業記念に贈られるような学生リングに似ていた。しかしながら、じきに彼女はもっと輝きのある宝石を身に付けたいと思うようになった。彼女によく似合って気に入るものを求めて、私たちはしばしば宝石店巡りをした。

ある日、ストックホルムの中心街でウィンドウ・ショッピングをしていると、宝石店の窓ガラス越しに素晴らしいダイヤモンドのブローチを見つけた。私はマリアンに店の中に入って、そのブローチを実際に手に取って見るよう促した。というのも、そのダイヤのブローチの大きさは桁違いで、ちょっとその辺ではお目にかかれない代物であったからだ。マリアンと私は店内に入ってその宝石をじっと眺めた。マリアンがその素晴らしさに溜息をついているところへ店員が近づいてきた。彼の説明によれば、このブローチには三〇〇個のダイヤモンドがちりばめられており、スウェーデン国王がその愛人にプレゼントするために、一八五〇年頃フランスのパリでデザインし制作されたものだという。ところが、その愛人の家族の中にお金が必要になった者がいたため、このブローチは売りに出されたのだそうだ。大変高価な値段が付けられていたが、とにかくマリアンは即座にそのブローチを買ってしまったのである。

マリアンの宝石類のコレクションも徐々に増え、美しい宝石も大分揃ってきた。それらの中にはロシアで買ったバロック時代の大きな真珠、くっきりと澄んだ藍玉、大変に暗い紫水晶、トルコ石のブレスレット、見事な色調と美しさを持つ黄玉のリング等があった。しかし、そのような宝石類を持っていても、マリアンはめったに身につけることはしなかった。日常生活における彼女は祖先の地アフリカ原産を思わせるようなデザインや装飾が施された珍しいダイヤの指輪を身に付けていた。

パリでミス・アンダースンの衣装制作者はモリーヌであった。パリのオペラ座で行った彼女のリサイタルで着用した衣装はここで作られたものである。この舞台衣装は実に見事で、黄金色の柔らかいラメ地にぴったりした長袖のものであった。彼女がこの輝かしい衣装にダイヤのブローチと黄玉を身に付けてオペラ座の素晴らしい雰囲気の中に登場したとき、この彫像のような堂々たる女性がその四年前に「長すぎて邪魔になるわ」と言って短いすそ飾りの部分を切り取ってしまった、あのうら若き女性歌手と同一人物であることを聴衆は誰ひとりとして信じることができなかった。

しかし、パリ・オペラ座で起こった奇跡はそうした外見的なものだけでなく、ミス・アンダースンの歌唱芸術にも現れていた。それはもはや単に素晴らしい歌唱であるという次元を超えた真の芸術の創造というべきものであった。彼女は歌詞の底流にある深い意味を理解し、それらを聴衆の耳に適確に伝えた。そして聴衆は誰もが歌詞の意味を理解することができた。歌詞の解釈は完璧であり、言葉のなまりは解消していた。英語の綴りの中のLやTの不適切な発声も解消し綺麗になっていた。最も難しいと思われるフランス語でさえ、今では大変明瞭な発音になっている。因みにパリ・オペラ座の芸術監督は休憩時間になって夜会服に山高帽の出で立ちで私たちの控室を訪ねてくれた際に、マリアンのフランス語の発声はこのオペラ座でこれまで長年耳にしてきた伝統的なフランス語の中でも最良の部類に入ると評していた。

　ところであのダイヤモンドのブローチはパリ・オペラ座で行った二回のリサイタルのうちの一方で不思議な役回りを演じた。リサイタルの会場に向かうために私たちがホテルの部屋を出たところで、マリアンはいつものようにドアを閉める前に手のひらを部屋の方に向けてさよならの合図をした。それから私たちはホテルの長い回廊を通って手動式エレベータのところまで行きベルを鳴らした。エレベータのボックスがゆっくりと上がってきた。するとドアガラスの向こう側に老婆の姿が見えた。私はエレベータのドアを開けて老婆が出てくるのを待っていたが、その老婆は決して動こうとはしなかった。彼女のうつろな目はマリアンのダイヤモンドのブローチに釘付けになっていた。老婆は顔中くまなく化粧をし、そのしなびた薄い唇は一筋の赤い線のように見えた。瞼には濃紺のアイシャドウをつけ、細い首には模造真珠のネックレスをぶら下げ、それからハイティーンの女の子が被りそうな帽子という恰好をしていた。老婆の視線は依然としてマリアンのダイヤのブローチにじっと注がれていた。しかし、彼女は杖に寄りかかった姿勢で身動きひとつしなかった。これは幽霊なんだ、人間なんかじゃない、と私は思った。

やっと老婆はドアの方に歩み寄った。私たちは二人とも気味が悪くなって、互いに顔を見合わせた。それで老婆がエレベータから出て行くと、私たちは素早くエレベータに入りそのままロビーまで降りて行った。

旧式のエレベータがロビー階で止まったとき、ドアガラス越しにまた別の老婆の姿を見た。ドアが開くと、そこには年の頃九〇歳位の皮袋のようにしなびた顔をした老婆が立っていた。この老婆は全く化粧をしていなかった。この老婆もマリアンのダイヤのブローチに視線を送っていた。老婆はエレベータから出て行こうとする私たちの前に立ちはだかった。私はこの老婆を横に押しのけたい衝動にかられたが、思い留まった。あまりに高齢であり、そんなことをしたら老婆が床に倒れてしまいそうに思われたからである。そうこうするうちに、とうとうホテルのフロント係の一人がやってきて老婆を脇に引き寄せると、私たちの進路を開けてくれた。しかし、それでもなお老婆の頭部だけはマリアンの方に向けられたままであった。

私はマリアンに一度自分の部屋に引き返して、おまじないのサヨナラのやり直しをしてはどうかと勧めた。リサイタルが始まる直前に二回も幽霊のような老婆が現れたことで、不吉なことが起こりはしないか気になったからだ。私たち二人にはどこか縁起をかつぐようなところがあった。

マリアンが私に言った。

「貴方は本当に私たちが不幸な目に遭うと思うの?」

「うん、僕はそうなると思うなあ。誰かが鋭利な物を手にしたり、あるいは玄関口の鴨居の真下でサヨナラを言ったりしてはいけないと君が信じているのとまったく同様にね。だから君はいったん部屋に戻って、もう一度初めからやり直した方が絶対に良いと思うんだけど」

と私は答えた。

「まあ、貴方って子供じみてるわね。お年寄りが二人いただけのことじゃないの。それにもう私たちには時間がないし」

とマリアンは言った。そんなわけで私たちの乗ったタクシーは一路オペラ座を目指した。

タクシーはこの素晴らしいオペラ座の手入れの行き届いた中庭を通り抜け、舞台へ通じる入口ドアの前にぴたりと止められた。そこにもドアガラスがあった。驚いたことに、このガラス越しにまたもや老婦人の姿を見た。私たちがドアを開けて中に入っていくと、今度現れたのは身なりの良い老婦人であった。彼女は六〇年ほど前に活躍していた往年のプリマドンナにどこか似ていた。彼女の碧い瞳はベラドンナ［植物の一種。根や茎の成分には散瞳作用があるので、古くは女性が目をパッチリ開けるために点眼用に使用していた］であやしく光り、身にまとったグレーの絹のドレスからは衣擦れの音が聞こえてきた。そして頭には薄紫色のリラの花をあしらった帽子を被っていた。彼女は友好的ではあるが、しかし作り笑いを浮かべながらマリアンに会釈した。彼女の青い瞳はマリアンのダイヤのブローチに釘付けになっていた。階段を上って二階の演奏者控室まで歩いて行くときに、私たちの後方より衣擦れの音が聞こえてきた。そして控室に入ると、さっとドアが閉じられた。

私たちはその後、先ほどの三名の老婦人のいずれの姿も見かけることはなかったが、彼女たちのことを思い出させるような出来事にまた遭遇することになった。

リサイタルが始まる前の出演者控室でのマリアンはいつも冷静であり、普段と異なることが起こるのではないかと不安がることは決してなかった。演奏家によっては飲み物を軽く口にする人もいるが、マリアンの場合は決して刺激物は摂らないし、神経質にもならなかった。せいぜい清涼な水とか、温かくて薄めの紅茶などがこのような場面にこれまで彼女が唯一口にしてきたものである。全世界でも恐らくは最も耳の肥えた厳しいパリの聴衆との対決をすぐ後に控えていたが、マリアンの表情には神経の高ぶりを示す兆候はまったく見られなかった。

このような彼女の確信にみちた歌唱や表情はどこから来るのだろうか。例えば、彼女のリサイタルの冒頭にヘンデル作曲「挨拶」という曲があった。この曲の歌い出しの音は二七秒間も続くのであるが、これを声の震えや揺れもなく息継ぎなしに一息で歌ってのけることがマリアンにはどうして可能なのだろうか。

私の個人的な見解では――これはもちろん演奏の成否に最も大事なことであるが――演奏家がステージに立ったときに経験する恐れというものは、演奏家自身が自分の歌唱技術、暗譜の仕上がり具合、体調等に一抹の不安を抱えているときに強く意識するものであって、これらの点に十分自信のある演奏家は決してリサイタルの舞台で怖くなることはないように思う。どんな演奏家でも程度の差こそあれ本番では緊張するし、また、この適度に張りつめた気持ちが演奏家には必要なのである。というのも、この緊張感が演奏家の気持ちを奮い立たせ、感受性を一層鋭敏にして適切な表現へと導いてくれるからである。しかし、マリアンの場合にはどうやら別の力が働いているようだ。……非常にバランスの取れた性格。そしてどのような状況の下でもその強い精神力で対処できるという事実。ステージの上で見せるどんな動きの中にも「神様は私を最善の方向に導いてくださるのだ」という彼女の揺るぎない確信が見て取れるのである。

マリアンは強靱な肉体にも恵まれている。例えば、彼女の平均心拍数は一分間に五五回であるが、通常、成人のそれは七二回である。それから、あのナポレオンの脈拍数が五三回、フィンランドの偉大な長距離ランナー、ヌルミの脈拍数が五四回であったことを考えると、とても興味深いものがある。ミス・アンダースンが少し神経質になっている時でも演奏中のブレスにはまったく影響は出ないし、しかも心拍数は平常値と変わらずゆっくりとしたままである。

私たちは指揮台の後方の舞台裏で立ったままステージへの登場を待った。そして舞台袖のドアが開けられた。マリアンは舞台上を三歩前方に歩み出ると、さっと後ずさった。目の当たりにした光景に圧倒され、足がすくんでしまったのである。この有名なオペラハウス内部の豪華さ、燦《さん》然《ぜん》と輝く照明、華やかな衣装に身を包んだ聴衆、それらのすべてがマリアンに対して強烈なインパクトを与えた。ステージからいったん戻ってくるときに、彼女は額の辺りに手をあてて頭髪を抑えた。それから一度深呼吸をしてから、再びステージに向かってゆっくりと歩き始めた。派手な衣装やダイヤモンドで飾り立てた夜会服姿のパリの紳士淑女で一杯の聴衆を前にステージに立った経験のない人には、あの艶やかで眩いばかりの光景を想像するのは容易なことではないだろう。

私はピアノ伴奏を始めようとした。だが、会場内の光景はあまりに素晴らしかった。このうえ音楽まで付け加える必要などあるのだろうかという思いがして、私はピアノの鍵盤の上に指をのせるのを一瞬ためらった。マリアンはこれまで培ってきた自らの演奏技術を存分に発揮して歌った。もちろん彼女のプログラム曲にはシューベルトの「アヴェ・マリア」が含まれていた。マリアという詞に付された最初のクレッシェンドの表現は大変感動的であり、そして美しかった。伴奏者の私さえもその素晴らしさについうっとりして、思わずマリアンの方を見上げてしまった。ふとマリアンの胸元に目をやると、ブローチの下部に埋め込まれている三個の大きなダイヤモンドがまるで魔法の力で直立しているように思われた。しかし、しばらくの間マリアンの歌唱に耳を奪われていた私はあのダイヤモンドのことをすっかり忘れてしまっていた。

栄光に包まれたこのリサイタルを終えてマリアンは控室に戻ってきた。ふと鏡を見て彼女は大変驚いた。ブローチに埋め込まれていたあの三つの大きなダイヤモンドがきれいになくなっていたのだ（このブローチは一部を取り外してイアリングとしても使えるようになっていた）。直ちに劇場のすべてのドアが締め切られ、捜索が始まった。ステージの床には薄手のカーペットが敷かれていたので、ダイヤモンドが舞台から転げ落ちていくことはまず考えられなかった。またフットライトも念入りに調べられた。しかし、かなりの時間をかけて探したにも拘わらず、ダイヤモンドは一つとして発見されなかった。翌日にはさらに徹底した捜索が行われたが、やはり見つけることはできなかった。

そこで私はマリアンに向かって言った。

「最初の幽霊と鉢合わせした時になぜホテルの部屋に戻らなかったんだい？　幽霊に三回出会って、ダイヤモンドが三個なくなったんだよ」

マリアンはその時になってやっと、あのとき私の言ったことがずばり当たっていたのだと思った。

しかし、よくよく考えてみれば、世界中の歌手たちの中からこうして女王たる栄誉を勝ち得た今、ダイヤモンドを三個失ったことが一体何だというのだろうか。オーストラリアはネリー・メルバを世に出した。イタリアはエンリコ・カルーゾを、ドイツはシューマン＝ハインクを、ロシアはフョードル・シャリアピンを。そして米国は今こうしてマリアン・アンダースンを世界に送り出したのである。

［ネリー・メルバ：一八六一〜一九三一　メルボルン出身のソプラノ歌手］
［エンリコ・カルーゾ：一八七三〜一九二一　ナポリ出身のテノール歌手］

〔シューマン＝ハインク：一八六一〜一九三六オーストリア人として生まれ、主にドイツで活躍した著名なコントラルト歌手。後に米国に帰化。日本には一九二一年に来日しリサイタルを開催した〕

〔フョードル・シャリアピン：一八七三〜一九三八　演技にも長けたオペラ史に残るバス歌手。一九三六年の来日公演では一大ブームを起こした〕

スペイン内戦前夜のコンサート

一九三六年、スペインのバルセローナは私たちにとって二度目の訪問であった。このとき宿泊先ホテルのボーイが夜になって私たちの翌日の朝食は何にするかと尋ねるので、妙なことを聞きに来るものだといぶかしく思った。というのも、ここは大きなホテルであるにも拘わらず、その説明ときたら随分あっさりしていたからである。

「明日はメーデーです。休日となりますから当ホテルでは誰も働く者はおりません。お食事が作れなくなりますので、今こうしてお客様方にどんな保存食がよいか、ご希望を伺っているところなんです」

街路はどこもかしこも集まってきた人々で埋めつくされ、混沌とした中に興奮と熱気が溢れていた。そこに集まってきた人々の多くはその顔に強い眼差しとともに暗い表情を浮かべていた。私はかつてロシア革命前夜のフィンランドにおいて、ちょうどこれとよく似た雰囲気に接していた。

翌日、マリアンと私は有名なスペインのソプラノ歌手コンチタ・バディア［一八九七～一九七五］の自宅で行われる昼食会に招待されていた。朝ベッドから起き上がると、ホテルの窓から外を眺めた。目抜き通りはどこも赤旗を掲げて行進する人々で溢れ、タクシーは一台としてやって来なかった。人々はみな休日を祝い、働く人はいないのであろう。私たち二人は友人宅にどうやって行けばよいのか、それが問題であった。

その昼食会にはたまたま政府高官も招かれているようであった。当の高官から私たちのところへ親切な電話がかかってきた。役所の車をこれから私たちのホテルへ差し向けるため手配をしてくれたそうである。予定の時刻になって私たちがホテルの玄関を出ると、そこにはすでに車が待っていた。ところが驚いたことに、そのすぐ後方にもう一台護衛の車が停まっており、その中には警官が何人も乗り込んでいた。私たちはこのような日にバルセローナで車を走らせることのできる稀少な人々の一員というわけであった。しかし、その高官はあとで私たちに述懐していた。彼とて護衛なしで市街地を車で走り抜けるのは大変危険なことであったという。

昼食の席で私たちは多くのスペイン人アーティストと知り合いになった。音楽が奏でられ素晴らしいひと時を過ごしたのであったが、私はこうした楽しさの背後で時代の暗い影が密かにうごめく気配を感じた。

共産主義革命を実際に見聞きした体験者は私以外にその場にはいなかった。私はかつて暴徒化した人々によって自分の家が打ち壊されるという経験をしていたから、そのことがすぐに脳裏に浮かんだ。そして状況はもう重大な局面を迎えていると私は直感的に思った。

私はその政府高官と政治的な話題で長く話し込んでいた。彼はどうもこの混乱した現状を重大なものとは認識していないようであった。しかし、私の目には人間ではなく計算機が象牙の駒でチェスの対局をしている風にしか見えなかった。

ここを離れる前に、私は彼に言った。

「あの大群衆がいったん動き始めたとき、その集団が生み出すとてつもない力を貴方はまだよく分かっておられないようですね」

「でも、我々には強力な政府が控えています。怖がることなんて、これっぽっちもありませんよ。まずミス・アンダースンの演奏を楽しんで、それからちょっぴり革命論議でもやりますかな」

これがその高官の返事であった。彼はそう言いながら努めて明るく作り笑いを浮かべ、その場はお開きとなった。

彼の微笑が見られたのもこの日までであった。そして、今やその顔は死相を帯びていた。というのも、彼はスペイン内戦［左派勢力の人民戦線政府に対して軍部・右派勢力が蜂起した内戦で、一九三六年七月から一九三九年三月まで続いたが、軍部・右派勢力の勝利によりフランコ独裁体制が成立」に関連して真っ先に追求を受ける立場にある人物の一人であったからだ。

翌日、私たちはヴァレンシアに向けて出発することになっていたが、列車の方はまったく動いていなかった。やむなく目的地まで私有車を調達しなければならなくなった。日中にバルセローナを出発するのを運転手が嫌がっていた事情もあって、私たちの車は日没直前にバルセローナ市内を発った。道路はくねくねと曲がり、次第に高度を増して山道へと入っていった。そこから地中海の素晴らしい眺望が徐々に視界に入ってきた。やっと安堵の気分を取り戻した私たちはそこでしばらく自然を満喫し、それからほっと深呼吸をした。ヴァレンシアが近づくにつれ、今度は道が次第に下ってきて、その先は海浜の黄色い砂地までつながっていた。土壌は耕作地が一層多くなったように思われた。黒ずんだ枝葉を付けた樹木にはよく熟したオレンジがたわわにぶら下がっていた。沿道にはバラの花が一面に咲きほころび、これが何キロにもわたって続いていた。辺りには様々な種類の花の香が漂っていた。

ヴァレンシアまでやって来ると、まるで激しい大雷雨がやってくるのを予期させるように神経質な表情を浮かべた市民らが多数集まり、あのバルセローナを思わせる興奮の様相を見せていた。そこには無数の警察官が集結し厳重な警戒に当たっていた。首都マドリードではすでに群衆の騒じょうは頂点に達していた。

込み合った鉄道駅で私たちは何か食べ物が欲しかった。しかし、レストランに入るのは殆ど不可能な状態であった。しばらく待っていると、レストラン入口のすぐ脇にテーブルが一つ空いているのが分かった。ウェイターは興奮していて私たちの注文が殆ど耳に入らないようであった。やっと私たちのところへ料理を運んできたと思ったら、ウェイターはそれをテーブルの上に放り投げるように置いた。

街路には人々が溢れ、みな思い思いに自分たちの家財などを運んでいるようであった。しかし、それら道行く人々はどうしてそうするのか、そしてまた何処に行こうとしているのか誰一人として分かっている者はいないように思われた。そして、女性や子供たちの泣き叫ぶ声があちこちから聞こえてきた。

そのような混沌とした状況の下でもマリアンだけは冷静さを失っていなかった。彼女はさらにビルバオへの道を急ぎ、同地でのリサイタルを予定通り開催することに決めた。

車がサン・セバスチャン近くの国境地帯に向けて走り始めると、私たちは本当にほっとした気持ちになった。ここの税関係官の指示によって私たちは手荷物検査を受けることになり、最初に調べを受けた所持品の一つはマリアンのエレガントな夜会用のケープであった。それは彼女がモスクワで購入したものであったが、元々はローマ教皇が使用していたケープで、濃赤色のビロード地に高価な金や銀の刺繍のふち飾りが付いていた。

「これは何かね?」

係官はいかにも無愛想に聞いてきた。私はすかさず答えた。

「ミス・アンダースンの夜会用のケープです」

「この女性がこんな豪華な夜会用のケープを着るなんて信じられると思うの？」

「とにかく彼女のものに間違いありません。こちらは有名な歌手で、よくこのケープを着用してリサイタル会場へ行くんですよ」

と思わず私はどなってしまった。

「教会から盗まれたケープの他にもまだケープがあるの？」

「盗まれたって、それはどういうことですか？」

と私は聞き返した。

「盗まれたって言ったけど。本部から我々の事務所に電報が入ってるんだ。ちょうどこんな品物を国境でチェックするようにという指令なんだよ。悪いけど、お二人さんちょっと時間をもらうよ」

と係官は大声で言った。

ミス・アンダースンがこのケープを身につけて撮った写真を私はすぐに思い出した。一年ほど前にスウェーデンのストックホルムで撮影した写真であった。私たちはすぐにその時の写真を探し出して係官に見せた。係官はやっと私たちのことが分かり始めたようで、一転して今度は弁解を始めた。私たちはめでたくこの夜会用の美しいケープをトランクにしまい税関を後にした。

国境を越えてフランスに足を踏み入れたところで、私たちは二人ともあの貧しいけれども美しい国、そして前途に厳しい将来が待ち受けている国スペインのことを想いながら、しんみりした気持ちで後方を振り返った。オレンジと甘いバラの香の匂うこの魅力溢れる国、スペイン。この国が私たちの心の中から消え去ることは決してあるまい。

南米大陸公演ツアー

「只今、午後の三時五〇分でございます。アンダースン様は買い物にお出かけです。もう南アメリカに向けて出発するお時間ですよ」

「すると船の出発には間に合わないかもしれませんね？」

「ええ……多分そうなると思います」

これはカンヌのマジェスティック・ホテルの案内係と私自身の会話である。

これまでにもマリアンは出帆に遅れたことがあった。ニューヨークから南アメリカに向け最初の船旅に出発する前夜、マリアンは夕食パーティを開いた。パーティの後、私は彼女を自宅まで送って行き、預けてあった船の切符を受け取りに彼女のアパートの部屋まで上がって行った。ところが驚いたことにマリアンはまだ何一つ荷造りしていなかった。全部で二五個のトランクはまだ空のまま床のあちこちに置かれていて、衣装棚には依然として彼女の衣装がいっぱいぶら下がっていた。一目で彼女一人でトランク詰めをしていては船の時間に間に合わないと思われたので、私はすぐに手伝い始めた。私たちは夜を徹してどんどんトランクに詰めていった結果、やっと早朝の五時頃になって出立の準備が整った……と思った。しかし、船のチケットはいったい何処へ行ってしまったのだろう。よく探してみたが駄目だった。それで今度は片っ端からトランクを開けていったところ、やっとのことでマリアンは切符を探し出した。それは大きな袋の中に未開封のまま保管されていた何百通もの手紙の中に紛れていたのだ。ようやく私たちは汽船に乗るために波止場へ出発する準備が整った。

私たちはこれまでもう何度も列車に乗り損なっている。そう言えばパリの鉄道駅での小さな事件を思い出す。私たちが駅に着いたとき、列車はもう一時間も前に出発していた。駅のポーターが唖然とした表情で私たちを見つめると、お手上げだと言わんばかりに肩をすくめて見せたあの姿が忘れられない。

しかし、カンヌではマリアンは定刻に現れた。大小まちまちの荷物を抱えて腰が落ちた格好で歩く秘書を伴って、彼女は約束の四時よりも二分早く到着したのである。ホテルのロビーに居合わせた人々はみな何事が起こったかと、はらはらしながら私たちを眺めていたが、マリアンだけは静かに微笑み、余裕の表情を見せていた。ホテルの玄関にはすでに車が待っていた。私たちがそれに飛び乗るや、車は桟橋に向けてフルスピードで走り出した。船着場に到着すると、船の出帆は予定より三〇分遅れであると告げられた。私たちはやれやれと思いながら、そこで一息つくことができた。

強い風が吹いていた。私たちを乗せて停泊中の外洋船まで運ぶ小さな艀《はしけ》はさながら大海に浮かぶ丸太のごとく波に翻弄されていた。

船旅の嫌いなマリアンが私に言った。

「どうして私、遅れずに来ることができたのかしら？」

しかし、私たちの二度目の南アメリカ演奏旅行に向けて大型船アウグストゥス号に乗船してからはすべてが順調に推移した。私たちの船が港を出て舳先《へさき》を一路ジブラルタルに向けて進み出したとき、頭上には太陽が輝き、風は依然として心地良く私たちの肌をなでていった。大きなイタリア国旗が甲板上に掲げられた。これは危険な時局を示すただ一つの兆候であった。スペインでは内戦が続いていたので、私たちの乗った汽船はスペインの海岸線から遥か沖合の洋上に停泊を余儀なくされた。戦争の気配を示すようなものが何かありはしないかと目で遠くを追ったものの、特に気をもませるような事態は起きていなかった。船がジブラルタル海峡に近づくにつれ、もくもくと立ちのぼる大きな煙の柱がはっきりと私たちの目でも確認できたが、それらの火元がどの辺りなのかはよく分からなかった。

私たちはこの旅の途中で給油のため寄港するアフリカの有名な港、ダカールの方向をじっと見つめていた。船の甲板から遠くを見ていると、マリアンが長い間ずっと夢見ていた祖先の地、アフリカ大陸の姿がかすかに視界に入ってきた。

力強いアフリカ大陸のリズム

船が午後四時頃ダカール港に到着すると、私たちはできるだけ足早に下船した。マリアンがアフリカの大地を踏みしめたとき、彼女の顔から幸せそうな表情がこぼれた。私が思うに、彼女にしてみれば何百年ものあいだ祖先の人々が生活を営んできたこのアフリカの大地にこうして立っていることによって、自分がいま故郷へ本当に帰ってきたような気持ちになったのであろう。

他の多くの熱帯地方の港湾においてよく見られる光景であるが、ここダカールの港でも旅行者が海中に放り投げたコインを取りに次々と海に飛び込む少年が大勢いた。ダカールの少年たちは利発そうで、どことなくハワイの子供らに似たところがある。埠頭では特に変わった様子はなかったが、そこから市街地が間近に見えていたので、私たちはそちらに向かって歩き始めた。

市街地に近づくと、通りを行き交う土地のご婦人方の視線がヨーロッパスタイルの服をスマートに着こなし、自分たちの姉妹ともいうべきマリアンにじっと注がれているように感じた。彼女たちの強い好奇の眼差しによって、マリアンは少し気恥ずかしい気持ちになった。そこで私たちは歩を早めた。そして通りがかりのこじんまりしたレストランで飲み物を注文した。

すると、たちまち土地の人々が大勢集まってきて私たちの周りを取り囲むと、次々と品物を見せてはそれらを買わないかと持ちかけてきた。マリアンは船に戻りたかったが、私は彼女に対し、しばらくここに留まってタクシーによるダカール巡りを勧めた。私たちがタクシーを拾って市街地に向かっていたところ、これぞまさしくアフリカの女性を思わせるような人々を見かけた。彼女たちはそれぞれ色調の多彩なゆったりとした布を優雅に身体に巻き付け、しゃれた髪型をしていた。多くは大柄でがっしりとしていて、自分たちの容姿に誇りを持ち、そして生まれながらに備わる威厳を込めて足を運んでいた。また行き交う男たちもこれまた素晴らしい体躯の持ち主で、背は高く細身で引き締まっていた。彼らは一様にリズム感あふれ、身体を揺らしながらしっかりとした足取りで歩き去っていった。

私たちは最初によく知られた市場まで車を走らせた。そこには色とりどりの生花や珍しい果物が所狭しと並べられ、それらはあたかも私たちを招き寄せているかのようであった。しかし、辺りに漂う魚の生臭い匂いだけは正直なところ大いに困った。我慢できなくなった私たちはその場に長居はしていられなかった。近くの砂場ではボタンを使ったゲームに興じる少年たちがいた。ふと立ち止まり彼らを眺めていると、そのうちの一人が私たちに向かって流ちょうなフランス語で「ねえ、おじさん。ここはセネガルだよ」と言った。

私たちは再び車に乗り込み、そこを後にした。とにかく臭いの強烈なこの市場から離れてやれやれという気がした。特にこれといったあてもなく車を走らせていたところ、突然遠くの方から太鼓の音が聞こえてきた。そこで私は音のする方へ向かうよう運転手に指示した。車が次第に近づいていくと、座り込んでいる人や立ったままの人など大勢の地元の人々が砂地に集まり、それぞれがくつろいだ恰好で何やら熱心に見物していた。運転手が言うには、本物のトムトム太鼓が打ち鳴らされているそうだ。私たちは車を止め、それから車のステップの上に立ったままこの一風変わった面白い太鼓の演奏風景を眺めた。しかし、こうした演奏は私たちのような観光客相手のものではなくて、この土地の人々自身の娯楽としてやっているとのことであった。五、六人の男たちによる小編成のドラム演奏団が烈しいリズムのダンス音楽を奏でる前で、肌もあらわな少女たちが素足で踊っていた。人々はこの踊りをとても面白そうに眺めていたが、少女たちの一人がことのほかエキゾティックな動きを見せたとき、土地の人たちはお礼や称賛の印としてその子に向かって、帽子、ショール、靴などの褒美の品を放り投げた。

ここで私たちはタイプの異なる人々を大勢観察する機会を得た。マリアンはこの一風変わった芸術的な趣のある髪型こそが真の優雅さなのだと感じるようになった。そして明るい色調のドレスがこの場の雰囲気に唯一ふさわしい衣装のように思われた。男たちの見せる誇り高い仕草には、何となく隠れた王者の風格さえ感じられた。私たちはタクシーのことやダカールの街のことなどをすっかり忘れていた。そしてジャングルの奥深く分け入り、古いアフリカの文化に根ざした風変わりな踊りや場の様子を観ている自分たちの姿を想像していたのである。

ダカール市街地でレストランに入り夕食をとっているときのことである。不意にテーブルの下で何かに触れたような気がして驚いた。物売りの小さな男の子がこの進入禁止の場所に、そっと忍び込んでいたのである。私がその子のために何か買ってあげようとしていたら、店の主人に見つかってしまい、その子は店外につまみ出されてしまった。

夕陽が沈み始めると夕闇が突然やってきた。いつしか船に戻る時間となっていた。桟橋に向かう途中で、立ったまま堂々と紙巻きタバコを吸っていた土地の少年が一人、私のところにやって来るなり腹が減ったと言う。その子にお金を五リラ与えたところ、彼はとても嬉しそうな表情を見せた。すると今度はマリアンの方に向き直って、先ほどとそっくり同じ科白《せりふ》をしゃべった。マリアンもやはりその子にピカピカの銀貨を一枚与えた。少年は彼女にお礼を言うと、にっこり笑った。すると何たることか、その子はまた私の方に向かってよくも言ったものだ。

「おじさん、ボクひもじいんだけど分かってくれないの……すっごく腹が減ってるんだから」

ダカールではそういう風に人々の生活が営まれている。そう「ボク　オナカヘッタヨ。スッゴクハラヘッタヨ……」

風光明媚な都市、リオデジャネイロ

私たちの船は勢いよく蒸気を上げ、ダカールの港からゆっくりと出帆した。アフリカから南アメリカに向けて旅はすでに始まっていた。赤道の近くまでやって来ると、じきに穏やかな貿易風が吹いてきた。風は心地良く頬をなで私たちを爽やかな気分にしてくれた。波をけたてて疾走する船の周りでは小さな飛び魚たちが海面の上まで飛び跳ねていたが、魚たちは明るい陽光を浴びてキラキラと輝いていた。マリアンと私は時を忘れてそのような飛び魚たちの生態に目を奪われていたのであるが、それらは果てしなく続く大海原で唯一の生命の証のように思われた。太陽は早朝に頭上高く昇り、そして夕べには絵のように素晴らしい南十字星を仰ぎ見ることができた。輝く太陽、同方向に吹く暖かい風、そして時折ザーッとやってきてはすぐに止む熱帯地方特有のスコール。こうした毎日がいつも変わらず続くのであった。船客たちは各自が思い思いのやり方で休息したり動き回ったりして、それぞれの人生を心ゆくまで楽しんでいた。

リオデジャネイロ到着の二日前になって、マリアンは乗務員の慰労のために船内でリサイタルを行った。モダンな豪華客船内の素晴らしい環境でのリサイタル開催はことのほか楽しいものであった。

この船旅の最後の日、お祭りのように賑やかな船長主催の晩餐会が終わって今度はダンスの夕べが始まった。私はダンスはやらないので、独り甲板に出て満天の星を眺めていた。ふと何気なく辺りを見渡すと、ちょうど男たちが四人で棺を運んでいく姿が目に入った。男たちはみな帽子を被らずに静かな足取りで進んでいたが、じきに船内に消えた。

「誰が亡くなったのだろうか?」　私は近くに誰かいないかと思って、周りに目をやりながらそう呟いた。するとご婦人が一人、私のところに足早にやって来ると、「お亡くなりになった方はどなたかしら?」と聞いてきた。この悲しい知らせが忽ち船中に広がると、ダンスが突然打ち切られた。私たちはこの棺の中に納められた人は船旅を共にしている仲間の誰だろうと思いながら、みなお互いの顔を確かめ合っていた。

「やあ、ここにおいででしたか。ああ良かった」とか「また貴方にお目にかかれて、とても幸せよ」などと、お互い同士が安堵して交わす挨拶の言葉がじきに船内のあちこちで聞かれるようになった。亡くなった人が誰なのか、やっと私にも分かった。その人は最後の晩餐会の席で船長のテーブルで食事を摂っていた著名な公使であった。その時の彼はとても愉快にふるまっているように見えたのだが、それにしてもなぜ死が彼の船室の扉を叩いたのだろうか？

船がブラジルのリオデジャネイロの近くに来たとき、霧の中に円錐形をした高い山々の輪郭がぼんやりと浮かんでいた。そして高くそびえ立つ天然の記念碑であるコルコヴァード山にはイエス・キリストの像が立っており、それは遙か遠くからも見ることができた。私たちの目には最初のうち何やらぼんやりした十字形に見えていたものが、像が次第に明確になるにつれて、十字架上の聖人が両手を左右一杯に広げて人々を出迎える姿を形作っているのが分った。

リオの港に近づくと、巨大な岩石の外観は風変わりで多彩な様相を見せていた。そして港を望む小高い丘や山々によって、船から見えるリオ市街はそれぞれが浜辺を含む幾つかの部分に分断されていた。寄せては返す波は渚の黄色い砂の面を間断なく撫でていく。この素敵な国の桁外れの美しさは、このあと私たちにリサイタルが控えていることすら忘れさせてしまいそうなぐらいであった。

マリアンと私はその昔、ブラジルの歴代皇帝の一人が個人的に設計し植樹した植物園を訪れ、その美しさをたっぷりと味わった。この庭園の設計や植樹の手法はこれまでに私たちが見たどの庭園とも趣を異にしており、それは大変素晴らしいものであった。この庭園内の隅のどこから見ても、庭園全体の素晴らしい景観を一望することができた。正門から中に入ると中央に大きな通路が走り、この通路の両側に沿ってヤシの木が生い茂っていた。私たちがこの庭園の中でしばし佇む間にいつしか夕闇が迫っていた。そして、あれほど賑やかであった熱帯性の鳥たちのさえずりがもはや聞こえなくなると、それに代わって今宵は近くの池でカエルたちによる夕べの合唱が始まったようだ。夜の帳《とばり》が辺りをすっぽりと覆っていた。そのことが言葉では言い尽くせない静寂と調和を一層深めていた。

マリアンはホテル・グローリアでの生活がことのほか気に入っていた。彼女の部屋の窓からは、世界で最も美しい景観の一つとも言われるリオデジャネイロ港を一望することができた。大きな厨房の外側にはテラスがあり、風にそよぐヤシの木陰で私たちはしばし時を忘れて和やかな会話に花を咲かせた。

私たちは野獣や大蛇の生息するジャングルの小径に足を踏み入れるなど随分危険な小旅行もした。こうしたジャングルの多くはまだ人間が足を踏み入れたことのない所であった。

マリアンと私はとある好天の日の夕暮れ時にサンパウロに向けてリオの町を発った。残念ながら日中に出発することはできなかった。というのも私たちは二人ともジャングルのぞくぞくするような美しさを自分の目で見ておきたかったからである。

まだ私たちがリオデジャネイロのホテルに滞在していた折りに、サンパウロに着いたら是非ともヘビの大養殖場を訪れるよう知人から勧められていた。このヘビの養殖場は世界でも屈指の大規模なもので、そこの研究室ではヘビに噛まれた際に使用される血清《けっせい》が調合されていた。

好天に恵まれ、私たちはスケジュールの合間をぬってこのヘビの養殖場まで車を走らせた。そこはサンパウロ市街から数マイル離れたところにある郊外の美しい所であった。場内の谷間の方にはコブラやもっと小さなヘビたちを見ることができた。また、丘の上の左側には化学研究室があり、その近くの大きな池では大蛇や巨大な毒ガエルが飼育されていた。

この養殖場の周りをガイドを伴った旅行者が大勢で歩き回っていたが、いつの間にか見学者は私たちだけになっていた。マリアンは写真を何枚か撮った。私たちが立ち止まってヘビを見ていると、最大級のヘビが一匹、池の周りを囲った壁の頂上に何とかして辿り着こうとしていた。しかし、その壁はヘビにとっては大変に高く、そこを乗り越えるのは難しそうに思われた。私たちはそのヘビが何度も何度も壁をよじ登っていく様を目で追った。ヘビは落下して起き上がると、池の片隅に向かって身をくねらせながら去っていった。ところが、突然ヘビが直立するのを見て私たちはとても驚いた。ヘビの頭部が殆ど壁の頂上に達したその時、ヘビは全身に力を込めてエイッとばかりに尻尾を振り上げると、壁の外側に脱出してしまったのである。

マリアンはすぐ間近に立っていたので、ヘビが壁の頂上に達した際にヘビの頭部がよく見えていた。彼女はこの見事なヘビの様子をカメラにおさめようとして少し後ずさりしたが、ヘビを怖がっているようには見えなかった。非常に緊張した面持ちではあるものの、その好奇心あふれる目でしっかりとヘビを見すえていた。ヘビはほんの一瞬静かにしていたかと思うと、それからゆっくりと道路に向かってくねくねと進み始めた。恐らく通りの向こう側にある大きな公園か森に向かって逃げて行こうとしているのであろう。

私たちの他には依然として人影はなかった。私はマリアンに早くこちらへ来るように言ったが、例によって彼女はとても落ち着き払っていて、そこからなかなか離れようとはしなかった。私はすぐに丘を駆け降りて飼育係に知らせに行った。しかし、大蛇が逃げ出したことをいくら話しても飼育係はそんなことは信じられないといった顔付きをして、ただ笑うばかりであった。これまでそんなことは起こったためしがないと言って、私の言うことには取り合ってくれないのだ。いきり立った私は「それが本当に起こったんだよ」と言って、直ちに現場へ行くよう飼育係に促した。私は彼の上着の袖口をつかむと、引きずるようにして丘を駆け上がって行った。

この時にはもう大蛇は道路を滑るように進んで行き、砂場で身をくねらせていた。飼育係はびっくり仰天した。大蛇から僅か数メートルのところから、マリアンがせっせとカメラのシャッターを切っているではないか。

飼育係はヘビのところに駆け寄ると、急いでその首根っこを捕らえた。叱りつけるような仕草でヘビの方に指を向けると、「おとなしくしてるんだぞ、どうせ逃げられやしないんだから」と言い聞かせた。ヘビは身体をくねらせながら飼育係の身体に巻き付いた。しかし、飼育係はヘビの首をつかんで離さなかった。そして最後に彼は巻きついたヘビをほどくと、池を目がけて放り投げた。疲れ果てたヘビがスルスルと池の中に入って、ちょうどネコが見せるような仕草で水を飲むのをマリアンはたいそう面白そうに眺めていた。

飼育係は私にヘビの逃亡を知らせてくれたお礼を言うと、下に降りてきてコブラを見ないかと私たちを誘った。森で捕らえた野生のコブラの入った箱が四〇箱、ちょうど届けられていた。飼育係がそれらの箱の一つを取って側方を開けさせて中からコブラを取り出すと、細い小さな水路の向こう側の池に投げ込んだ。その池の中央部には小さな島があった。この中州には爬虫類の住処である円錐形をした家をいくつか見ることができた。初めのうちコブラたちは怒ったように身をくねらせながら一箇所に群がっていた。

こうしたヘビたちをそれぞれの住処に振り分ける際に飼育係は先端が鈎型の細長い棒を使った。飼育係は低い場所に立ってまず注意深くコブラの動きを観察し、それからコブラたちのいる中州に跳び移るのに適当な着地点を探した。そして最後に彼は水路を跳び越えて中州に移った。するとヘビたちはさっと頭部を突き出して、視線をじっと飼育係の仕草に注いだ。飼育係は素早く一匹ずつそれぞれの住処に投げ入れた。

とうとう残り一匹となった。飼育係は巧みに鈎型の細長い棒でヘビの首根っこを引っかけると、私たちがいる方向に向かって歩き出した。もちろん私たちはこの飼育係による物珍しいパフォーマンスに魅せられたように、じっと立ちつくしていたのであった。飼育係は私たちの傍らにやって来ると、蛇の喉の部分を強く押さえ、大きく開かれた口腔とその上部に向けて生えている二本の大きな歯を私たちに見せてくれた。そして手にしたやっとこをヘビの口蓋と毒を持った歯の間にぐいっと差し込むと、歯が前に動いて毒をもった透明の水滴が砂場にゆっくりと垂れてきた。

この頃にはマリアンも私も気分が悪くなっていた。そして、ヘビの見世物はもうたくさんだと思った。私たちは飼育係に向かって、このようなドラマチックなショーを堪能させて戴いたお礼を言ってから車でそこを後にした。途中で一軒のスナックに寄ってマリアンはオレンジジュースを、私はコニャックを口にしてほっと一息ついたのであった。

それから一年後、私はあのサンパウロのヘビ養殖場を訪れたことがあるという私の友人に会った。この友人の話ではその時の飼育係は今もなお健在であり、そこを訪れる旅行者に対して、マリアン・アンダースンがやって来た時に大蛇が逃げ出し、それをどのようにして捕獲したかについて当時のエピソードを話して聞かせているという。

音楽の都、ブエノスアイレス

アルゼンチンの首都ブエノスアイレスは紛れもなく世界で最も素晴らしい音楽都市の一つであ

る。音楽シーズンは短いけれども、その期間に集中して驚くほどバラエティに富んだ音楽を楽しむことができる。オペラをはじめとしてオーケストラ公演、各種リサイタル、その他おびただしい数の催し物が行われる。音楽に接する機会が豊富であることが、とりも直さず世界で最もレベルの高い批評力を備えた聴衆を作り出すことにもつながって、ブエノスアイレスの聴衆は音楽的な嗜好もハイ・レベルである。そして聴衆にはいわゆる通が多く、なかなかうるさい人たちである。これまできついブーイングにさらされた有名な演奏家も多い。例えばカルーゾの場合、最初のオペラ公演でやじり倒されて散々な目に遭っている。もちろんその後の公演で大成功を収めてはいるが。また、レナー弦楽四重奏団［ハンガリーのリスト音楽院卒業生で構成され二〇世紀前半に活躍した］の演奏会がブエノスアイレスで一シーズンに三六回も行われていることを知れば、この町で良い音楽がいかに重要な位置を占めているかが分かると思う。

ちょうど同じ時期にリリー・ポンスやその他の有名歌手が同地を訪れていたにも拘わらず、マリアン・アンダースンの公演は大成功であった。ミス・アンダースンは七週間に計一二回のリサイタルを開催した。一番最後のリサイタルは日曜日の午前一一時からレクス座という名のブエノスアイレス市で最大の映画劇場で行われた。楽観的な私でさえ一二回はいくら何でも多すぎると思い始めていた。だが、そうではなかった。劇場には人があふれ空席は見当たらなかった。あまりに大勢の人々が会場にやって来たので、私たちが演奏を終えて劇場を後にする際には、かなり危険な状態になっていた。というのも、我々には警察官による警備が無かったからだ。

指揮者とのハプニング

ウルグアイの首都モンテヴィデオでミス・アンダースンは再び人気者となった。同地における最後のリサイタルで、彼女はオーケストラの伴奏で歌うことになっていた。オケの指揮者はブエノスアイレスからやってきた著名な音楽家であった。彼はオケ合わせのためすでに本番の二日前にモンテヴィデオに来ていた。事が起こったのは一回目のリハーサルが終わって、彼が私たちの現地マネジャーであるイリベッリ氏を呼びつけた時であった。彼はオケのメンバーの仕上がり具合が不満だと言った。その時点でマリアンと私はその事をさして気にも留めていなかった。馴染みのないオケとの初顔合わせの際に、指揮者がそのオケに対して満足できないことは決して珍しいことではないからである。

私たちはリサイタル当日の朝、モンテヴィデオの町に到着し、正午からオケとのリハーサルを始めることになっていた。だが、そこで練習開始を待っていたのは大人数のオケのメンバーだけであった。指揮者はどこにも見当たらなかった。それから一時間が過ぎてもなお彼は姿を見せなかった。事故にでも巻き込まれたのではないかと思って、私たちは気が気ではなかった。念のために彼の宿泊先のホテルに問い合わせてみたところ、ホテル側の説明では、いくら呼んでも応答はないが、内側からロックされて鍵が差し込まれたままになっているとのことであった。もう日は暮れようとしていたが、依然として指揮者は来なかった。こうなったからにはオーケストラの代わりに自分がピアノ伴奏をして急場をしのぐしかないと私は判断し、この事をオケに伝えるのが最善の方法であろうと考えた。

実際、これが窮余の一策となった。もしチケットの購入者がこうした変更によって払い戻しを望むなら、それは可能であった。このオーケストラでは多くの客を呼べないと考えたのなら、確かにこの指揮者の判断は正しかったと言えよう。結局、チケットは僅か三枚が払い戻しとなったのだが、驚いたことにさらに三〇枚も余計に売れたのであった。

リサイタルが終わったその日の夜遅く、マリアンと私はたまたま通りを小走りに駆け抜けて行く当の指揮者にばったり出くわした。彼はリサイタルの指揮をしなかったことをマリアンに詫びた。もうすべてが終わってしまった今、何を言っても仕方のないことであったから、どういうわけか私たちは皆で笑い出してしまった。

カルメン・アマヤのダンス公演

これまでに私たちが見たダンス公演で最も独創的で面白かったのは、アルゼンチンのブエノスアイレスで行われた当時一七歳のスペイン人ダンサー、カルメン・アマヤ［一九一三〜一九六三バルセローナ生まれのフラメンコダンサー。八歳でパリ・デビュー、後に内戦が始まると米国へ移住」によるものであった。カルメンの南米での人気はそれはもう大変なもので、公演のたびにチケットは完売となった。観客はみな彼女の踊りの虜になってしまった。彼女は一九四一年に米国にも初めて登場している。

演技を始める時間になると、彼女は観客をそのままじっと待たせておいた。これは彼女のいつもの手であるが、カスタネットを打ち鳴らす前にいったん場内をし~んとさせておいて人々の注意を自分に引きつけるための演出であった。最初のうちカスタネットの音はステージの陰から弱音を保ったまま発せられるが、徐々にクレッシェンドがかかり、彼女が舞台に登場する直前に最強音で打ち鳴らされる。彼女はステージに登場すると、ほんのしばらく立ったままの姿勢でぴたっと静止する。そして色彩豊かな衣装を派手に着飾り、スペイン風に櫛を入れた漆黒の髪を何色もの異なる櫛でしっかりと固定している。彼女の微笑はどことなく変わっていて楽しい。まったくの即興によるダンスから始め、徐々に烈しい野性的なダンスのクライマックスへと盛り上げていく。中盤にさしかかる頃、頭髪に差していた数々の櫛が次々とステージの上を飛び交うとき、彼女の黒髪は乱れ、身に付けていた衣装はまるでハリケーンに吹き飛ばされたときの如くパッと空中を舞う。笑みを浮かべた唇は冷酷で荒々しい表情に変わっていく。そして彼女の柔和な黒い瞳からかすかな光が発せられているように思われる。彼女がスペイン人特有の仕草で踊りを突然停止すると、場内は感極まった観客で興奮のるつぼと化すのである。

マリアンと私はボックス席で見ていたので、誰か凄い歌手が会場に来ているらしいという噂が口込みで観客の間に伝わったようだ。カルメンがアンコールとして、もう一度踊りを披露した際、彼女はフットライトに近づくと、優雅な腕の動きでミス・アンダースンの方を指し示した。それから大きな声で、次の踊りはこの会場内にいる米国のアーティストに捧げるものであると観客に告げた。それを聞いて観客席からは嵐のような拍手喝采が湧き起こった。続いてすぐに彼女は最初のダンスと同様に即興で踊ったが、その踊りはまるで音楽の波の上を彼女が漂っているかのようであった。彼女の身のこなしは滑らかで流れるような美しさがあった。この踊りはそれまでのものとはまったく異なるクライマックスを迎えて終わった。それは、大合唱におけるクライマックスのようであった。

普段のマリアンは滅多にやらないことであったが、公演終了後に私たちはカルメンの楽屋を訪ねた。こじんまりした楽屋に入ると、そこには一人の少女がいた。間近で見るこの少女はとても小柄で、舞台上の姿よりもずっと小さな印象を受けた。カルメンは優しく愛らしい人であった。ちょうどアンコールの踊りを終えたばかりで、彼女はまだ肩で息をしていたが、捕獲された小鳥のように興奮さめやらぬ様子であった。

「ほら、私の指を見てください。ずっとカスタネットを叩いていたので、指が赤くただれてとても痛いの。それに私って馬鹿だから、カスタネットの音が聞こえてくるともうじっとしていられなくなって、ついその音に合わせてしまうのよ。何か踊らないといけないみたいな気持ちになって」

カルメンは悲しそうな声で私たちにそう語りかけるのであった。

私はカルメンにどうか署名入りの写真を頂けないかと尋ねた。すると彼女は自分の写っている写真を一枚取り出して私たちに手渡した。だが、それには彼女の署名は入っていなかった。私はカルメンに言った。

「カルメン、写真に貴女のサインをしてくれない？」

これに対して、カルメンは即座に答えるのであった。

「わたしサインしたいの、本当に。でも、ごめんなさいね。字が書けないの」

私は彼女に写真のお礼を言った。その写真を見るたびに、私は上手に記された手書きの美しい献呈の詞を思い浮かべるのである。行間を読みとることのできる想像力豊かな人には必ずしも言葉で書き残す必要はないのではないか、私は時々そう思うことがある。

第三章　アメリカ合衆国

アメリカの拡大部分（1939 年）

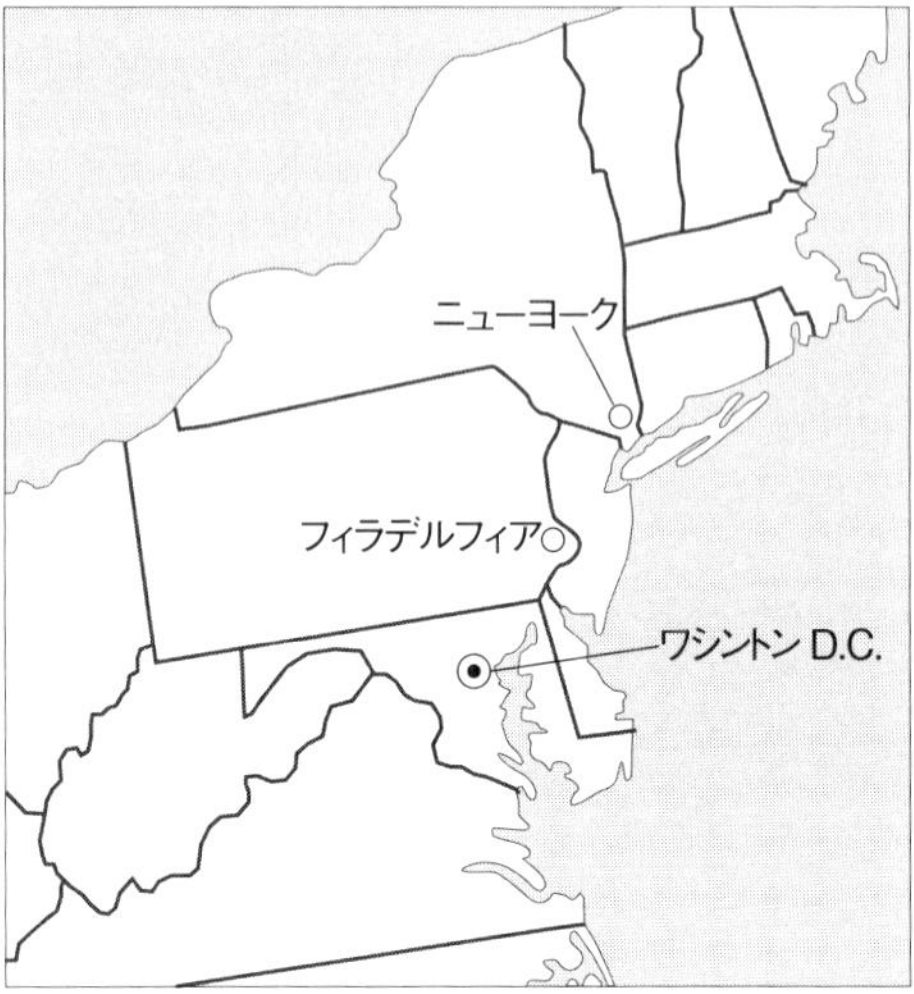

アメリカ全体図（1939 年）

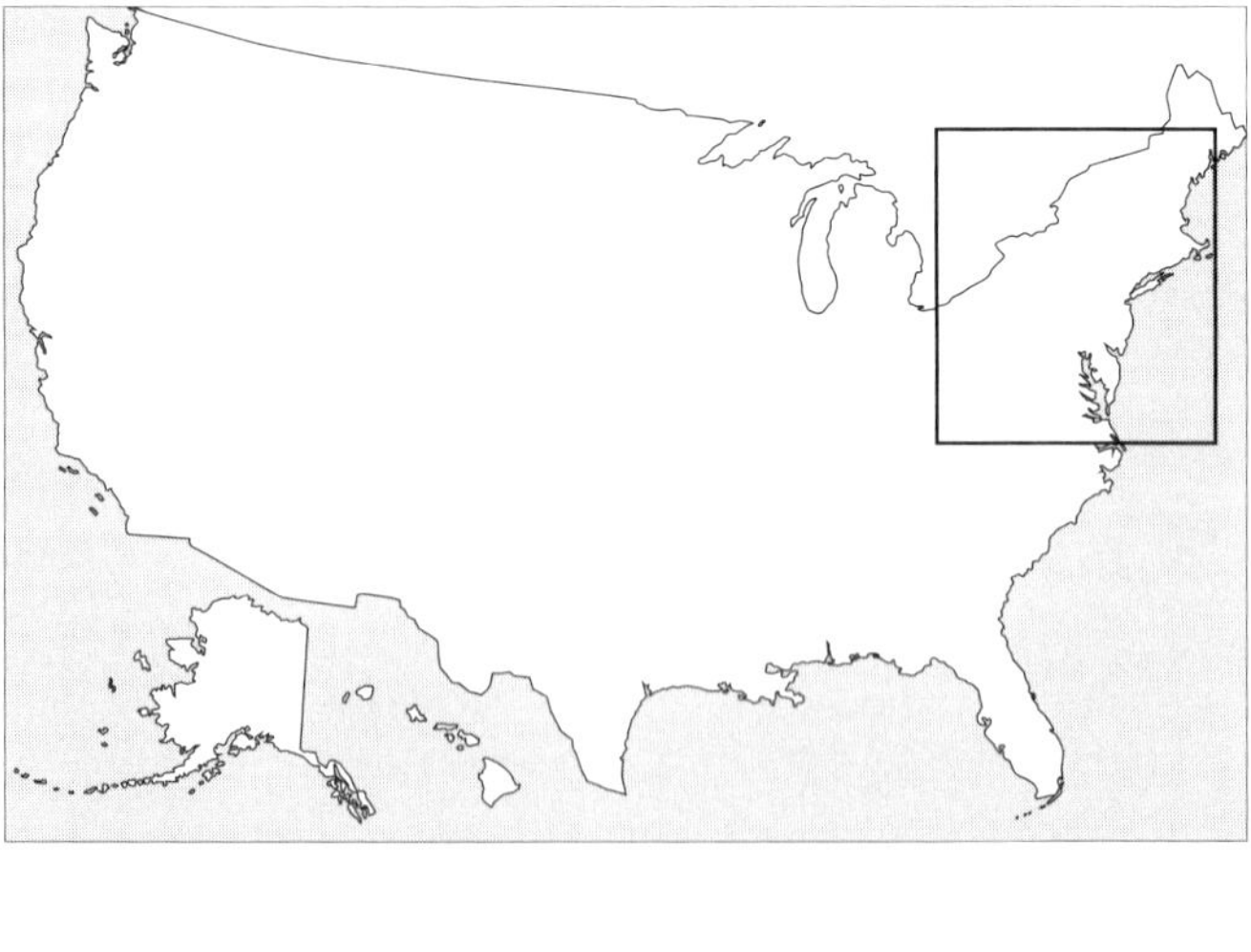

旅先でのマリアン

日頃、演奏旅行で各地を動き回っている者にとって、友人との絆をしっかり維持しておくことほど難しいことはない。些細なことであってもややこしいことが始終起こっていると、つい神経質になってイライラが昂じる。そうなると常に冷静な態度を維持するのはなかなか容易なことではない。率直に言って長期にわたる演奏旅行では、私の内面の二つの気質がいつも仲良く折り合いをつけていたとは言い難いことを認めざるを得ない。しかしながら、幸いなことに旅のパートナーとしてマリアンがいてくれたので、ともかく彼女のお陰で私は随分と助かっている。彼女は実に冷静な人だ。他の人々の心が訴えかけるものを理解できる彼女であったから、人間の持つ様々な性格上の欠点から意識して目をそらすことができたのである。私たち二人の間の些細な意見の相違も、空中でシャボン玉がす〜っとはじけるように氷解していった。そして翌日になると、もう二人ともそんなことはすっかり忘れてしまっていた。

皆さんが旅先にいるミス・アンダースンの姿を思い浮かべるとすれば、それは恐らくこんな感じになるのではないか。所は霧が立ち込める冷たい朝六時頃のシカゴ。ミス・アンダースンはとても眠そうな表情で列車の中に立っている。それから下車する時が来ると、一番最後にホームへ降りてくる。毛皮のコートの大きな襟を立て、分厚く束ねた「ライフ」、「レディーズ・ホームジャーナル」、「アメリカン・ホーム」などの雑誌や新聞を数紙、そして本を一、二冊左の小脇に抱え、もう一方の手にはハンドバッグを抱え持つ。その中には開封済みや未開封の手紙を含む様々な物がぎっしり詰め込まれているので、バッグの口を閉じるのは不可能である。

もし彼女のハンドバッグが小さすぎるのなら、もっと大きなものにすれば口は閉まるだろうと考える方がいるとすれば、それは見当違いというもの。マリアンの場合、決してそうはならないところが面白い。その都度もっと大きなバッグに買い換えるのであるが、彼女はバッグが大きくなった分、入れたい物も増えてしまうので、結局のところすべて詰め込むには小さくなる。つまりバッグの口は開いたままなのだ。彼女の後には鉄道列車のポーターたちが計一五個の手荷物を持って続く。それらの荷物の中身が何であるか誰にも見当がつかない。まず最初に彼女の衣装が入った大きな荷物が運ばれてくる。次いでレコード・プレーヤー、録音機、ラジオ、ミシン、そして常に帽子箱にしまってある電気アイロンなどの小型機器類や調理用具まで！　彼女の話では、このような器具類は動物たちの身代わりのような存在であり、できれば動物たちも一緒に連れて行きたいのだが、長旅となるとそうもいかないということらしい。

一般旅行者が巡る旅と演奏家のそれとでは決定的な違いがある。一般の旅行者なら自分の見たい所を思うがままに見て回ることができる。しかし、演奏家の場合にはそうはいかない。コンサートの担当マネジャーが決めた通りに動かざるを得ないのだ。従って旅行者の場合はそこから他所へ移動したくなるまで一箇所にずっと留まっていられるのに対して、演奏家は予め決められたスケジュール通りにそこを出発しなければならない。たとえどんなにその地が気に入っていたとしても。

ミス・アンダースンが最もよく使用した器具の一つは恐らくミシンではないかと思う。と言うのも、彼女はよく自分のパジャマやスラックスを縫っていたからだ。それ以外の物を彼女が縫っている姿は見かけなかった。しかし、少なくともミシンがあることで、マリアンは味気ないホテル住まいの中で何かをしてみようという気になるのである。

また、列車の中でミス・アンダースンは座席で静かに時を過ごし、できるだけ休息を取るようにしている。時間を持て余すと私たちはトランプに興じていたが、勝った方は相手から大金一〇セントを受け取る。この勝負はだいたいが私の勝ちになっていたので、マリアンは愚痴をこぼす。しかし、実際にはラミー・ゲームでフライング・デュースなど凄いカードを手元に揃えていても、勝負にこだわらない彼女は必ずしもそれらを有効に使っていたわけではないようだ。

マリアンのもとへ人が訪ねてくると、彼女はサインをせがまれることがよくあった。特に食堂車からウェイターたちがよくやって来た。彼らはマリアンの署名入り献立表を持っていることが誇らしげであった。一方、彼女の方は差し出された献立表に次から次へとサインをしていくのであった。また、リサイタルが終わると、彼女は演奏者控室に小さなテーブルを置いてファンの求めに応じてせっせとサインをこなしていくが、普段は学生が書くような彼女の几帳面な字がおしまいには判読できないほど乱れてしまうのだ。

　このようなファンへの対応の問題について、私たちはこれまでにもしばしば議論をした。この種のファンサービスは必要以上にやり過ぎるのもどうかと私が思っていることを彼女は承知していたと思う。時折、私の方で敢えてサインを邪魔するようなことをしたが、女学生らはみな凄い形相で私を睨みつけるので、仕方なく私はサインを求める人たちの列がなくなるまでマリアンの傍らに佇み、ひたすら終わるのを待ち続けていたものだ。


　マリアン・アンダースンは列車の中で過ごすとき、時間があれば専ら手紙を読むことに充てていた。通常は大事な手紙を読む時間しか取れなかったが、時にはファンレターや思いがけない人からの手紙などを読むこともあった。こうした手紙の中には実に滑稽なものや痛ましい内容のものがあって、それらを読んだ後には大笑いしたり、あるいは悲しい気持ちにさせられたりもした。

　もちろん手紙の多くは経済的な援助を求めるものである。それらの手紙の差出人はあけすけにそんな依頼をすることに躊躇などしていない。しかし、中にはまだ気の利いた頼み方をする人もいる。デンマークのご婦人は次のように書いてきた。

「どうか二万ドル送ってくださいませんか。貴女を記念した花屋を開業したいと考えています。店の名前も〝マリアン〟と致します。そうすれば貴女の恰好の宣伝となります」

　また、スウェーデンからは自称ブラザー・ジョンという人の手紙にこう記されていた。

「私は収容人員が二〇〇名ほどの大きな教会の牧師です。この教会は現在、建物の外装がかなり傷んでおり、ペンキの塗り替えが必要です。屋根やそれ以外にも諸々の修理が必要となっています。どうぞ当地にお越しいただきコンサートを開催してください。チケットは完売にしてみせます。そうなれば私たちにとって大助かりです。それからもう一つお願いがあります。コンサートをさらに、もう一回お願いできませんか？　私の冬物のオーバーコートがボロボロになっていて、あちこち手当が必要なんです」

本当にぶったまげるような凄い手紙の中から一つご紹介したい。それは一二ページに及ぶ長いもので、ご婦人からの手紙であった。この手紙の主が終始一貫して言わんとすることは、ミス・アンダースンが何と罪深い人であり、また誤謬《ごびゅう》に満ちた人生を過ごしているかということであった。けれども、この差出人によれば、マリアンが正しい道を知り得る方法はまだ残されており、ミス・アンダースンが彼女に会いに行きさえすれば、彼女は天国への扉を開けてくれるのだそうだ。

この種の手紙が数知れず送られてくる。それらに目を通すと、ふと人生の奇妙な側面を垣間見る思いがするのである。

しかし、一方でミス・アンダースンの魂をゆさぶるような一途に真面目な手紙を受け取ったことも事実である。彼女は自ら積極的に不運な人々に対して救いの手を差しのべる。例えば、足の不自由な人々の中には松葉杖が贈られている人も大勢いるし、病気の患者には医療援助が行われている。それから彼女が関心を寄せて資金援助をしていることに謝意を表す救済基金も多い。そのような行為をマリアンは極秘に実践する。寄付のために振り出した彼女の小切手が新聞の紙面を賑わすことは決してないし、そのことを知っている者も弁護士のヒューバート・ディレイニー氏の他には誰もいない。(ディレイニー氏はマリアンの子供の頃からの友人である。氏は明晰な頭脳と人生というものへの深い洞察力を有し、芸術に理解のある人物である。彼の適切な助言がこれまでマリアンにどれほど有益であったか計り知れないものがある)。ミス・アンダースンの包容力とともに、そのような慈善行為を匿名で行いたいという思いは、例えばフィンランド戦争の救援のために彼女が高額の小切手を寄付した際のやり方にもそういう気持ちがよく表れている。その際にこうした寄付行為が絶対に公にはならないという条件の下で極秘に実行されたのであった。

実に多くの人々がマリアンに対し無言ながらも感謝の気持ちを送り、そのような彼女の温かい心遣いを祝福したのである。

敬愛する母

〝私の小さな家族〟というのは、マリアンがよく口にする言葉である。彼女は自分が何処にいても、一時たりともこの小さな家族のことを忘れることはない。そして彼女らしい心のこもったやり方でこの小さな家族への気遣いを見せる。

それでは〝私の小さな家族〟とはどんな人たちだろうか？　マリアンは三姉妹の長女である。妹のエセルは上背はそれほどなく、背丈の割にふっくらしている。恰幅のよい肝っ玉母さんタイプの人によく見られる底抜けに親切で温かみのある笑みがいつも彼女の顔からこぼれてくる。また台所仕事にもよく勤しむ。特に友人たちを招いた夜などは、台所でかいがいしく立ち働いている。それからテーブルの上のサンドイッチやその他の美味しい食べ物を前に、傍らの小さな椅子に腰掛ける。彼女の頭の中はおのずと家庭内のことに向けられる。そして、見た目に違わぬ美味しいケーキを焼く。彼女の夫であるジミーは、妻のエセルだって素晴らしい声の持ち主であると指摘するのを忘れなかった。その褒めようと言ったら半端ではない。マリアンの歌唱芸術よりも遥かに愛妻の持ち声の素晴らしさを誇りに思っているのであろう。そして彼は私に対し、こんなことを言う。

「エセルが歌うのを一度ぐらいは聴いてもらわないとね。彼女はあれでなかなか大したものですよ」

彼ら夫婦の間には三歳になる息子がいたが、家族の皆がその子のことを「世界一のお利口さん」などと言って甘やかしていた。その子の伯母にあたるマリアンも例外ではなかった。マリアンのもう一人の妹、アリスはまったくタイプの異なる人である。彼女は素敵なドレスを好み、社交的で政治に関心があった。彼女の笑いは他人の笑いを誘った。マリアンに寄せられる手紙への対応は彼女が一手に引き受けていた。

しかし、何と言っても一家の中心人物はマリアンの母親であった。（マリアンの父親は彼女がまだ子供の時に亡くなっている）。マリアンはこの母をたいへん敬愛している。こうした母親への敬愛の念はもう今日の一般家庭ではなかなか見られなくなってしまった感がある。マリアンの気遣いはまず母親に注がれた。マリアンは母親に対してまるで小さな子供をあやすように面倒を見た。「良い子でいてね、もう眠るのよ。九時ですからね」とか、その他にも同様の愛情のこもった言葉を私は何度か耳にしている。マリアンにとって一番辛いことは、何と言ってもこの最愛の母と遠く離れて過ごさなければならないことである。何しろ母はマリアンが一日の終わりに思い、そして朝目が覚めるとまず最初に思い浮かべるというぐらい大切な人であった。母からの手紙はそう頻繁に届くわけではなかったので、一日千秋の思いで待っていたマリアンにとって、母の手紙を手にした時の喜びようといったらなかった。もうその日は普段の日の何倍も幸せな一日に思われたのである。マリアンは母を素敵に着飾ってあげたいので、彼女の母が最良の毛皮とそれにふさわしい服を身にまとっている姿を確認するのである。

私がマリアンの母に初めて会ったのはパリの鉄道駅であった。私たちはホーム入場口のところでル・アーヴルからマリアンの母を乗せた列車が到着するのを待ち受けていた。

「あっ見て、あそこよ。でも、母さんがあんなに小さくなっているとは思わなかったわ」

とマリアンは言った。

マリアンの母には寡黙で、冷静で、根っからの誠実な人柄など今や有名になった娘の性格と共通のものを見出すことができた。彼女は口数が少なくもの静かな印象を受けたが、相手はその語り口に思慮深さと彼女ならではの独自性を感じるとともに、それらがいつも注意深くさらりと言い尽くされるので、もうそれ以上の説明を要しないことがすぐに分かった。彼女のパリ滞在中に私はあちこちへ観光旅行のお供をさせてもらった。

ある晩のこと、滞在先のパリのホテルでマリアンと私は当地で開催するリサイタルの回数を三回にすべきかどうかで議論していた。マリアンは三回では多過ぎると主張したが、私はそれには同意できなかった。私は三回のリサイタルは決して多過ぎることはないと確信していたし、実際にリサイタルの成功は間違いないと思われた。この事を何とかマリアンに分かってもらいたいと思って話をするうちに、私の声が上ずり甲高くなった。私は少し興奮してしまったようだ。その場に居合わせたマリアンの母はそっと部屋を出て行くと、私たちが話し合いを始めてからかれこれ二時間ほど浴室でじっと待っていてくれた。マリアンはとうとう最後には私の考えにイエスで応じてくれた。

浴室であんなに長時間待たせてしまい、ミセス・アンダースンには大変申し訳ないことをした。私たちの話し合いがすべてまとまると、彼女は再び私たちの前に戻ってきた。

「私の方はもう何も問題ありません。本当にすみませんでした」

と私が言うと、彼女はこう答えた。

「マリアンのやりたいようにさせるということではいけないかしらね」

「ええ。でも、ヨーロッパの事情についてマリアンはまだよく知りませんから。こちらでは誰もが芸術に強い関心を持っています。だから三回のリサイタルが多すぎるなんてことは決してありません」

と私は反論した。

あれほど議論しあったリサイタルであったが、無事に終わってみるとマリアンは私に心から礼を言ってくれた。そして彼女の母が私たちの話し合いの場から席をはずし、浴室内に二時間も閉じこもっていなくてはならなかったにせよ、私の言った通りであったと言ってくれたのである。

私がミセス・アンダースンと次に会ったのは、米国フィラデルフィアにある彼女のこじんまりとした自宅であった。私たちが夕食のテーブルを囲んでいた際に、彼女は穏やかな声でかなり早口に神への祈りの言葉を口にした。そこでは皆が古くからの宗教上の儀式を毎日励行することによって、伝統はしっかりと生き続けていた。彼女はまた、古き我が家のしきたりがきちんと守られていることを見届ける守護者でもあった。感謝祭には昔ながらの七面鳥が、クリスマスにはアヒルが、そしてイースターには明るく着色された卵が食卓を飾った。

彼女との三度目の出会いは私にとって最も重要なものであった。マリアンは当時、郊外に家を借りていて、マリアンの母もそこに滞在していた。もちろんミセス・アンダースンは幸せな日々を過ごしていた。その時はたまたまマリアンの母以外に私が唯一の来客ということもあって、新曲に取り組むマリアンのコーチ役としての二か月間の滞在は、ミセス・アンダースンの人柄をよく知る上でまたとない機会となった。私はミセス・アンダースンが大型の少なくとも六〇〇ページはある分厚い本を読んでいるのをよく見かけた。その本のことを、とても面白い本なのよと彼女は言っていた。彼女はかなりの教育を受けており、若い頃はヴァジニア州で学校の教師をしていた。

彼女はよくベランダに出て椅子に腰掛けていた。読書をしていながらでも身近な所で起こっていることによく注意を向けていた。そして何事にも好奇心の旺盛な人であった。

「ねえコスティ、向こうの方に煙が上っているのが見えるかしら？　汽車がちょうどダンブリー駅に到着するところかしら、それともこれから出発するところなのかしらねえ？」

「コスティ、あそこのフェンスのところの湾曲した樹木は林檎の木かしら？　それから、あの黄色いのは木の葉かしら？」

などと彼女は私に質問してくる。彼女は実際に私がそこまで行って、それが何であるかをちゃんと確かめた上で黄色い林檎を持ち帰らないと納得しなかった。

いつだったかメイドが休暇を一日取った際に、マリアンが気晴らしに料理を作ろうとした時があった。私は、食事はわざわざ食堂でなくても台所で構わないからとマリアンに言ったのだが、その時すでに食堂のテーブルは整えられていた。それでマリアンは台所と食堂の間を行ったり来たりすることになった。ミセス・アンダースンは「あの子は今何をしているのかしら？」とか「私、そっちへ行ってお手伝いしようかねえ、マリアン?」などと尋ねていた。彼女は椅子から立ち上がると、台所へ行ってマリアンの手伝いを始めることがよくあったので、そうなると私一人のほほんとしてはいられない。それで私も何か手伝うことはないかと、つい台所をうろちょろすることになる。そんな訳で台所で三人がごちゃごちゃ動き回っているうちに、食卓に並べられた料理はだんだん冷たくなっていった。

ある晩、電話がかかってきた。マリアンの所有する馬が二頭逃げ出して路上に止まっているが、馬子《まご》が見当たらないという知らせであった。マリアンと私は直ちに現場に駆けつけると、この二頭の馬を厩舎に連れ戻そうとした。ミセス・アンダースンは私たちと一緒に現場まで行きたかった。私たちの身に何か起こってはいけないと心配したからである。しかし、マリアンはこれに強く反対し母にこのまま家に残って窓から見ているよう言い残すと、外に飛び出て行った。彼女はマリアンの言いつけ通りに、窓から私たちの様子をじっと眺めていた。

その後しばらくして、私は「友」という標題のピアノ曲を作った。それから小さな池の中の生命からヒントを得て、三つの曲からなるピアノ曲集を作曲した。最初の曲を「睡蓮」、二番目を「金魚の埋葬」と名付けたものの、さて三番目の曲に一体何と付ければよいやら迷って、私はアンダースン母娘に何か良い題名はないかと尋ねた。二人はそれぞれ幾つかヒントを出してくれた。そして最後にミセス・アンダースンがその曲は本当に蛙が浮かれ騒いでいるように聞こえるとの印象を話してくれた。私はなるほどと思い、この曲に「蛙の戯れ」と名付けた。そして素晴らしいヒントを与えてくれたマリアンの母に心から感謝した次第である。

マリアン・アンダースンの友人とはどんな人たちであろうか？　この問いに答えるのは難しい。他の大アーティストと同様に、彼女には多くの友人がいる。リサイタルの前にチケットを求めてくる友人もいれば、演奏会が終わった後に、なかなか良かったよと声を掛けてくれる友人もたくさんいる。中には「私はマリアン・アンダースンの親友です」と言う人さえいる。ところが、マリアンの方ではその人のことをまったく知らなかったりすることもある。

マリアンの心は小さな黄金の宝石箱のようで、その扉を開けるのは至難の技である。おそらく誰一人としてその堅固な扉を解き放つ者はいないだろう。しかし、彼女のことをよく知る誰もがこの神聖な場所にはきっと最も価値のある素晴らしい真珠がしまわれているに違いないと考えていた。そして彼女はそれを注意深く護っているので、そんな彼女の精神の平穏をかき乱せるほど近しい存在になるのは不可能だと誰もが感じるのである。

マリアンが子供時代から親しくしている友人に著名な歌手で作曲家でもあるハリー・バーレイ氏［一八六六〜一九四九　アフリカ系黒人作曲家、編曲家、歌手。ニューヨークのナショナル音楽院の院長であったチェコの作曲家ドヴォルザークと親交が深かった。彼の編曲による黒人霊歌は日本の男声合団のレパートリー曲にもなっている］がいる。マリアンが長い演奏旅行から帰ってくると、彼はいつも港の船着場まで出迎えに来てくれ、彼女に優しい労いの言葉を掛けてくれるのであった。私たちはそこでよく「ハロー、マリアン！　ハロー、コスティ！　また会えて嬉しいよ」という彼の言葉に接する。それから、いつも通りの元気なマリアンを見届けると、彼は安心してそこから立ち去って行くのである。そしてしばらく彼の姿を見かけることはなかった。私たちが二人とも彼の存在と善意を身近に感じることができるのは、彼のそうした心遣いによるところが大きい。

マリアンと私は二度ばかりホワイトハウスより招待を受けた。しかし、その時々の状況はまったく異なっていた。最初に招かれた時はローズヴェルト大統領の私邸のあるアパートメントで催された小さな晩餐会であった。その席でマリアンは歌を披露した。二回目は一九三九年で、英国のジョージ国王とエリザベス女王ご夫妻のホワイトハウス訪問の折りであった。

最初のパーティの時はとても静かな集まりであった。私たちはひとまず一階に控え、二階にある大統領の私用の大広間から声が掛かるのを待っていた。その間、私たちは公式のレセプションルームの幾つかをじっくり見て回った。そこには伝統から来る重々しい威厳とともに、民主主義精神の香りが漂っているように感じられた。大統領夫人エリノアはこのくつろいだ雰囲気のリサイタルにマリアンの母を丁寧に招き入れてくれた。アンダースン夫人の顔に浮かぶ幸福感と我が娘の演奏に対する期待感の混じり合った表情を表現するのはいささか難しい。

初めにマリアンと私は音楽室に招き入れられた。そこには暖炉の片側に心地良い大きなソファが置かれていた。ローズヴェルト大統領はそこにゆったりと腰を沈め、燃えさかる暖炉の火にあたっていた。大統領の確信に満ちた力強い握手はみなぎる自信を相手に感じさせ、その優しく温かい眼差しは相手の心をほっとさせる。まさしく私たちは大きな人物と対面していたのであった。

この時にマリアンはとりわけ闘志を燃やして歌ったのである。これまでにも気が付いてはいたが、マリアンはよく知られた人物や特に尊敬する人を前にしたとき、さらにいっそう輝かしく、そして完璧に歌い上げるのであった。だからと言って、彼女が普段ベストを尽くさずに歌うこともあるということではない。それどころか、聴衆の数がどんなに少ない時でも、彼女は常にベストを尽くしている。要するに名士らを前にすると、とりわけ気持ちを奮い立たせる何かが彼女の中に湧き出てくるように思われるのである。

マリアンが歌い終えた後にとても感動的な場面に出くわした。私たちを招いてくれた素敵なホステス役［パーティなどで客人をもてなす主催者の女性］のローズヴェルト夫人がマリアンの母の手を携えて大統領のところまで案内し、彼に紹介してくれたのである。連れだった二人のご婦人があの音楽室に入って行く時の光景を私は決して忘れることはないだろう。ローズヴェルト夫人の所作は世界のファースト・レディに相応しく確信に満ちており、それは因襲にとらわれない自由なものであった。また彼女の表情には米国の最もよく知られた歌手の母親を迎える喜びが表れていた。またミセス・アンダースンの胸の内は明らかに今こそ我が人生で最も晴れがましい瞬間の一つであるという感慨を覚えているようであった。彼女の表情にはこうした晴れやかな場に居合わせることへの感謝の念と誇りが感じられたのである。

私にはほんの僅かな時間であったが、ローズヴェルト大統領と話をする機会があった。その際に大統領は私の国籍を確かめると、フィンランド人を思いやる優しい言葉を掛けてくださった。フィンランド戦争より以前の話になるが、その当時フィンランドが米国全土において称賛されたこととして、米国からの借款を唯一返済した国がフィンランドであったという事実があった。大統領の言葉にはそのような背景があったようだ。

私たちはその後にもう一度ホワイトハウスを訪れることになった。今度はホワイトハウスの公式行事であり、儀礼的な色彩の濃いものであった。ホワイトハウスの中はどこもかしこも人の動きが慌ただしく感じられた。この時にはミス・アンダースンと私はいったん一階にある大統領の私用の部屋に通された。その後に別の部屋へ移動すると、そこにはすでに他のアーティストたちが集まっており、各自がそれぞれの出番を待っていた。それらの中で主だったアーティストの一人にメトロポリタン歌劇場のローレンス・ティベット［一八九六〜一九六〇　カリフォルニア州出身のバリトン歌手］がいた。その他にカウボーイ・シンガーのアラン・ローマックス［一九一五〜二〇〇二　米国を中心とした民俗音楽の録音、収集、研究を行った］がいて、彼は首から楽器をぶら下げ神経質そうに部屋の中を往ったり来たりしていた。彼の上着のひもがほつれていたので、私はそれを真っすぐに直してあげた。すると彼はにっこり微笑んだかと思えば、またそわそわと歩き続けた。ラジオ番組によく出演しているケイト・スミス［一九〇七〜一九八六　ヴァジニア州グリーンビル生まれで幼時より歌手となりラジオを中心に人気者となったが、第二次世界大戦では慰問歌手として戦場の米兵に向けて歌声で激励した」も歌った。

英国国王と女王に向かって特別なお辞儀で敬意を表せるようにしたいと思っていたが、お二人がどの辺りに着席するか私たちアーティストには事前に知らされることはなかった。いよいよ輝かしい瞬間がやってきた。室内に施されたまばゆいばかりの装飾の中をマリアンと私か登場したとき、主賓である英国王ご夫妻の位置を正確に見極めるのは私には殆ど不可能であった。私は国王の位置はどの辺りになるかマリアンにそっと囁いた。マリアンの確かな視線がすぐに英国王夫妻の姿を捕らえると思ったのであるが、彼女からの応答のサインはなかった。仕方なく私はマリアンと同じ方向に向かってお辞儀をした。

マリアンが歌うシューベルトの「アヴェ・マリア」は聴き手に深い感動を与え、参会者は皆しっとりとした余韻に浸っていた。もちろん割れるような拍手を頂戴した。プログラムの全曲が終了すると、出演者は一人ずつ全員が英国王夫妻に紹介された。ちらちらと光る白色のスパンコールで刺繍した絹モスリンの衣装を身にまとった英女王は、本当にお伽話の中のお姫様のようであった。そして彼女の王冠と宝飾品は参会者の中でもひときわ輝いていた。汚れなき童女のような女王の微笑は大変魅力的で、今や全米の人々にお馴染みの顔となっていたが、マリアンに温かいお言葉をかけてくださった際に私たちもはっきりと見ることができた。一方、英国王はすらりとした長身で若々しい感じの方であった。マリアンは左足を後に引き、膝を折り曲げて深々とお辞儀をした。だが、彼女自身は思ったほどうまくはできなかったと感じたようだ。自宅で上手にできたからといって、それが国王夫妻の前でもうまくいくとは限らないとマリアンは帰り道に語っていた。少し時間をとってお辞儀の練習をしていたことをマリアンから聞いて私は少々驚いた。

マリアンのプログラム構成は非常によくまとまっており、その場に居合わせた人々からも熱烈に迎えられた。そして、このことがローズヴェルト大統領夫人の主催者としての確かな手腕の証明ともなった。彼女は米国の政治と社会の両面における高名で重要な顔であるばかりでなく、人々をもてなすホステス役の理想像でもあった。彼女がしばしば直面する複雑で難しい局面も、その類いまれな率直さと思慮深さによって絡み合った糸のほつれは何とか解き放たれていくのであった。

大統領夫妻は感謝の印として、私たち二人のそれぞれのもとに署名入りの写真を素敵な額に入れて送ってくださった。お二人の好意を私たちは大変ありがたいと思った。

人種問題

私のようにフィンランドに生まれた人間にとって、人種問題を十分に理解するのは大変難しいことである。私の母国フィンランドにはいわゆる有色人種はいないし、ユダヤ人の数も少ない。

しかしながら、今日では人種偏見は勢いを増し、世界中の文化ならびに宗教界の指導者たちがこの問題に対し憂慮する事態になっている。私がこれまで訪れたことのある国で人種問題が最も深刻な状況にあるのが米国とドイツの両国である。

非アーリア人としてマリアン・アンダースンはヒトラーの新体制が権力を掌握すると、ドイツでは決して歌うことはしなかった。それより以前に彼女はベルリンにおいてベルリン・フィルとの共演による演奏会の招聘を受けていたが、彼女はトラブルを避けるためにそうした招待を一切受け入れることはなかった。

一九三五年に米国へやってくる以前のことであるが、私は人種がらみのめんどうな問題に一度直面したことがあった。マリアン・アンダースンの方は活動の場を米国からヨーロッパに移すまで、彼女のリサイタルではピアノ伴奏者として黒人を起用していた。そのころ米国でコンサートの舞台に登場する歌手と伴奏者が白人と黒人の組み合わせの場合に生じる軋轢《あつれき》には大変困難なものがあった。とうとう私たちのマネジャーはマリアンに対して、白人の伴奏者でリサイタルを開催するのはもう不可能であると書き送ってきた。

私たち二人が一緒にステージに登場することによって、聴衆の不満に直面するかも知れないという懸念をマリアンはこのとき初めて口にしたのであった。

「でも、少なくとも僕たちで何とかしてこのような偏見をなくすことはできないものだろうか？　僕の気持ちはもう決まってるよ」

と私はマリアンに言った。

「偏見の根は深いのよ。二人だけでその問題を解決なんかできるものですか。できたとしても、それはそれはとても時間のかかることだわ。でも、私たちだって状況が改善されるよう少しでも役に立てることがあると思うの」

マリアンはそう答えた。

「だけど貴女はまず自分の歌唱芸術を最優先で考えないとね。他の事はそのあとで考えればよいこと。そうじゃない、マリアン？」

と私は彼女に尋ねた。

するとマリアンは自分の机に向かってゆっくり歩いて行くと、椅子に腰掛けた。そしてニューヨークの彼女のマネジャーに宛てて次のように電報を打った。

〝ヴェハーネンさんと私は一二月一七日ニューヨーク着〟

これが私の問いかけに対する彼女の明確な答えであった。数一〇〇回のコンサートを共にしてきた後、私たちはコンサートのプログラムとそれらの演奏法について互いに理解を深めてきたことを熟知した上で、マリアンは伴奏者として私を使う決断をしたのであった。

私たちは美しいイル・ド・フランス号に乗船した。いつもの習慣で、私たちはまず先に食堂の席を予約するためにウェイターのチーフのところへ行った。たまたまそこには英語を話す家族がいて、同じようにテーブルの予約を入れていた。するとそこのご婦人が憐れむような声で話すのが聞こえた。

「ほら見て、ヨーロッパで有名なマリアン・アンダースンがいるわよ。貧しい女の人だわ。どこで食事するのかしらね？」

これを聞いていたのは私だけではなかった。ウェイターのチーフも聞いていた。彼は苛立ちを覚えると、たまりかねて大声で言った。

「大食堂のテーブルをアンダースンさんにご用意いたしました」

さらに、彼はその婦人の方を見やりながら続けた。

「でも、もしよろしければ、小さな食堂なら貴女にテーブルをお取りできます」

マリアンと私は優雅な大食堂で食事を摂った。人々はみな親切であった。

午後になって海は荒れ模様となり、この大きな客船にゆっくりとした横揺れが始まった。私たちはちょうど紅茶を飲み終えて、それぞれの船室に戻る途中であった。階段を降りていく際に、マリアンは靴のかかとがスリップして五、六段下に滑り落ちてしまった。私はとっさに自分の手で彼女を支えようとしたが、一瞬及ばなかった。彼女は床に崩れ落ちた。足を骨折しているようで立ち上がることができなかった。

この時点で私たちの米国における最初のリサイタルが二週間後に迫っていた！

歩くことができないマリアンは自分の船室でじっと堪えているよりほかなかった。しかし、すでに彼女は船内で催されるチャリティ・コンサートで歌ってほしいとの依頼を受けており、何としても約束を破りたくなかった。だから彼女は車椅子でステージまで運ばれることになった。舞台上に彼女は片足で立ち、その素晴らしい声を大ホール一杯に響かせた。チャリティ・コンサートは大成功であった。

船がニューヨークに到着した際、マリアンは何とかして歩いてみようとしたが、足の痛みは依然ひどかった。今後に予定されているリサイタルをマリアンがこれからどうやってこなしていけるのか、私たちにはまったく見当がつかなかった。それでも彼女はリサイタルをキャンセルすることなど毛頭考えていなかった。満面に笑みを浮かべて彼女は言った。

「私、歌うつもりよ」

この年の一二月三〇日、ニューヨークのタウンホールでのリサイタルに出演するマリアンのために特別な手だてが考えられた。まずリサイタルの始まる前に緞帳《どんちょう》を降ろしておいて、それからマリアンを車椅子に座らせたまま控室からステージまで運び込むことができるようにした。控室で車椅子に座ったマリアンは非常に冷静で、まるで何事もなかったかのようにふるまっていた。マリアンの登場を待っていた聴衆が何を考えていたのか正確に知る者は誰一人としていなかった。そして、いよいよリサイタルの始まる時刻となった。看護婦と私はピアノのすぐ横でマリアンの介添えをした。そして彼女はピアノの上に肘を置いて身体を支え、正面前方に目線を置くと背筋をピンと伸ばし片足で立った。それから彼女はこの姿勢を維持したままプログラムの全曲を歌い切った。リサイタルの前半が終わったところで、彼女は聴衆に向かって緞帳を降ろした理由を説明した。彼女は立ったままぎこちないお辞儀をしたこと、ピアノに寄りかかっていること等を聴衆に詫びた。ところが、現実にはかえってこれがマリアン・アンダースンの米国におけるセンセーショナルな成功への第一歩を印すことになったのであった。

私たちは二人ともパリのホテル・マジェスティクから直接米国にやってきたのであるが、最初のうちニューヨークではどのホテルもミス・アンダースンを受け入れてはくれなかった。そのために彼女はハーレム［黒人が多く居住する地区］で過ごすよりほかなかった。それでも彼女は一向に気にする素振りは見せなかったし、決して愚痴をこぼすこともなかった。しかし、その後に米国内を演奏旅行で巡っているうちに、ホテル宿泊の際にこれと同様の難題に直面した。こうした事態は当然ながらマリアンを大いに困惑させたり、不愉快な思いを強いることとなった。

ところが、しばらくして彼女の匿名の友人たちの一人が少し古びているがよく知られたニューヨークのホテルを彼女専用のアパートメントとして確保してくれた。じきにホテル側でも彼女を常連客として受け入れるようになった。このようなホテル側の行為が逆にそうした行為に相応しい文化の香り高いホテルとして評判を上げることになった。嬉しいことに、ほどなく多くのホテルがこれに倣って快く彼女を迎えてくれるようになった。

それでもなお、ホテルの中にはこうした点でまだ保守的なところも少数ながら残されていた。私たちが事前に予約したホテルに到着すると、そこのマネジャーは私の耳元で囁いた。「どうぞ……！　でも、食事の方はお部屋でお願いしたいのですが」と。このとき私たちはできるだけ穏やかな態度でホテル側の対応を受け入れた。

しかし、私には一度だけ心底怒ったことがある。私たちがダルースに滞在した折りであった。列車の到着までにはまだ二時間ほど待たなければならなかった。私たちは空腹を感じて駅の近くのホテルに入ると、そのまま食堂へ歩いて行った。すると入口ドアのところでしし鼻のウェイターが私たちを制止し、食堂は閉まっていると告げたのである。ところが何ということか、ドアの向こう側には食事を摂っている人たちがちゃんといるではないか。それでもこのウェイターは食堂はやっていないと頑なに言い張った。ミス・アンダースンは傍らで別の方向を見ながら静かに微笑んでいた。きっと彼女はこのような人物の狭量な心を頭の中に描いていたに違いない。私はこのウェイターに尋ねた。

「あなたは自分が何ということをしているのか分かっているのですか?」

彼はただ肩をすくめるだけであった。私はこの男に向かって言った。

「マネジャーはどこに、それから電話はどこにありますか?」

私は食事だけでもできればよいと思ってマネジャーを電話口に呼ぶと、ミス・アンダースンが受けた非礼な扱いを説明した。私の説明を聞いたマネジャーは私たちのところまですっ飛んできた。そしてこのウェイターを階下に呼びつけると、私たちをすぐに食堂まで案内させた。私たちが食堂で過ごしている間に、件のウェイターは私たちのところへ計三度やって来て、ミス・アンダースンに詫びた。彼女は嫌み一つ言うこともなく、ただウェイターに向かって優しく語りかけた。

「貴方はまだよく分からなかったのだから、もういいのよ」

以前に私は首都ワシントンD.C.のさる高名な方の自宅に夕食に招かれたことがあった。それはちょうど英国王夫妻がホワイトハウスを訪れる直前の頃であった。私の向かい側の席には大きなダイヤモンドのブレスレットをした婦人が腰掛けていた。彼女は私が何者であるかを知った上で、皮肉な笑みを浮かべながら言った。

「貴方は黒人の女性と一緒に演奏旅行なんかしていて、恥ずかしいと思いません？　そんなことを続けていたら、そのうちにどなたからも招待されなくなりますし、貴方との同席だって、皆さん避けようとなさるのがお分かりかしら？」

私はこのご婦人に対して、こう答えた。

「了見の狭い貴女こそミス・アンダースンが通るドアでさえ通れなくなるのがお分かりではないようですね」

彼女はぱっと顔を赤らめると、急に落ち着きをなくしてイライラし始めた。そして吐き捨てるように言った。

「そんなことを仰るならお聞きしますが、ミス・アンダースンに開かれているとかいうドアね。一つでよいからその場所を教えてほしいものね」

私はすかさず応じた。

「ああ、いいですよ。英国のエリザベス女王とジョージ国王がホワイトハウスご訪問の際に、その扉はミス・アンダースンにも開かれます。貴女にはきっと閉まったままだと思いますが」

私の答えにむくれた彼女はブレスレットの音をチャラチャラたてながら、両手でテーブルをバタンと叩いた。そしてけたたましい声で叫んだ。

「本当に、もうたくさんだわ」

私たちのホスト役は私の方に向かってニヤリとすると、茶目っ気たっぷりなウィンクを送ってよこした。私は話し相手を代えた。


他にもこんな事があった。医者の家に招待された時のことである。私はちょっと誤解をしていたようで、てっきりマリアンも招待されているものと思い込んでいた。それで彼女が現れるのをひたすら待ち続けていた。ところが何時になってもマリアンはやって来なかった。私はとうとう痺れを切らして、ホステス役の医者の奥さんにミス・アンダースンはいったいどうしたのか尋ねた。彼女はいかにも素っ気なく答えて曰く、

「ミス・アンダースンは招待されていませんのよ。だから、ここには現れませんわ」

私はすっかり動転してしまった。そして無邪気にも夫人に対して、マリアンを招待しなかった理由をまともに尋ねてしまったのである。

「でも、ヴェハーネンさん。私どもは貴族なのよ」

彼女は傲慢にもそう言い放った。

「えっ貴族ですって、それはどういう意味ですか？」

と私は思わず聞き返した。

「なにしろ私の家系はこの国に一七五年も前から住んでいるんですから」

彼女はいかにも誇らしげに真顔でそう答えたのである。

「なるほど、それが貴女の仰る貴族ですね。私の一族なんか、フィンランドに先祖代々受け継いだ土地を五〇〇年に亘って所有しているんですがね、それでもまだ貴族なんかじゃありませんよ」

と私は言った。

私はたまらない気持ちになった。もうここにはいられないと感じた。あのような高慢な人たちとは何ら共感できるものがないように思われたからである。私は素早く帽子をつかむと、この家を飛び出していた。

私たちは五シーズンに及ぶ演奏ツアーの間に計一五〇余りの都市を公演で訪れたが、その間に身の回りで起こったこのような些細な出来事のすべてから、この複雑な人種問題について私はこれまで殆ど理解していなかったことを思い知らされたのである。そしてなお、私は一人の人間の価値が肌の色で左右されているように思われるのは一体なぜなのか知らねばならないと考えている。黒人と白人では心臓の鼓動の打ち方が異なるなんて、到底信じられるものではない。それからまた、この世の人々を等しく創造した神の下で、一人の人間の魂が他の人々の魂よりも高い価値を持つということも信じることはできない。しかし、ミス・アンダースンがこうした問題に対して取ってきた行動から私が一つ学んだことは、彼女のような並はずれた冷静さ、深い理解力、さらには性格の良さを持ち合わせている者は、その優れた演奏を通じて異なる人種間に横たわる多くの意見の相違さえ乗り越えることを可能にするということであった。

マリアン・アンダースンには人の精神を鼓舞する歌唱という強力な武器がある。憎しみと誤解に満ちた現世に平和のメッセージを運んでくるマリアンのような人間に対しては、黒人のみならず人種の垣根を越えてあらゆる人々が感謝の念を持ってしかるべきであろう。そして音楽という普遍的なアピール方法によって親愛なるメッセージを携えてくる者は、いと高き所に到達することを運命づけられているのである。

リンカン記念堂コンサート

ある日の新聞は実に驚くべきことを伝えていた。首都ワシントンに本部のある婦人団体DAR[Daughters of American Revolution アメリカ独立戦争従軍者の娘達：一八九〇年に設立された米国最大の婦人団体。英国との独立戦争に参加した家系の子女であることが会員資格」はその所有する憲法記念館ホールにおいて黒人であるマリアン・アンダースンがリサイタルを行うことに反対の決議をしたという内容の記事であった。このニュースは私たちにはいっそう不可解に思われた。というのも、以前このホールに黒人テノール歌手のローランド・ヘイズや黒人ダンサーたちも出演していたからだ。

なぜマリアン・アンダースンに対してこんな無礼なことをしたのだろうか？　新聞を読みながら、私たちは列車の客室シートに心地良く座っていた。雄大なカリフォルニアの山々と森林のパノラマのような素晴らしい景観が次々と私たちの眼前をよぎっていった。ミス・アンダースンは新聞を脇に置くと、車窓から遠くの景色をじっと見つめていた。そして私たちは二人ともずっと無言を続けた。この時の彼女の胸の内に去来するものは如何なるものであったか、誰一人として知る由もない。おそらく彼女自身でさえ、どう言ってよいやら分からなかったのではあるまいか。彼女は自分に突きつけられたこの難題についてあえて議論はしなかった。気軽におしゃべりできるような楽しくて美しい話題は他に幾らでもあったからだ。

しかし、やっとマリアンが感じた平穏も、じきに大勢の記者などによって打ち破られた。彼らは「今どんなお気持ちですか?」「あのホールの使用を拒否されたことで、侮辱されたとお感じですか?」「それに対して、貴女はどのような態度で臨むつもりですか?」「どう対処するつもりですか?」などマリアンが当惑するような質問を次々と彼女に対して浴びせかけた。

それに対してミス・アンダースンは次のように答えた。

「新聞に書かれていること以外に私は何も知らないんですよ。ですからコメントは差し控えさせて頂きます」

それから大統領夫人エリノア・ローズヴェルトがＤＡＲの決定に抗議して、そこを脱会したという凄い知らせが飛び込んできた。マリアンの目に嬉しそうな様子が浮かんだ。そして彼女は私に向かって言った。

「ローズヴェルト夫人って何て素敵な方だこと！　彼女は何が正しいことかをちゃんと分かっているだけじゃなく、その正しいことを実行する方なんだわ」

繰り返し浴びせられる不躾な質問に対して、マリアンは決して答えることはしなかった。そしてそのようなスタンスをずっと守り続けた。

そんな折りにホワイトハウスより、野外コンサートを首都ワシントンで開催してはどうかという打診があった。このとき私はたまたま病気のためワシントンの病院に運ばれてきたところであった。

マリアンの友人たちの間でもこの野外コンサートについて賛否両論があり、それぞれの立場から色々な意見が出されていた。なぜマリアンが野外などで歌わなければならないのか、歌わない方がましだと考える友人もいれば、一方でそれは素晴らしい企画だから是非やるべきだと考える者もいた。

ミス・アンダースンから入院中の私のもとへ、毎日どこからでも電話がかかってきた。彼女はどちらかと言えば、その企画に賛成というよりも、むしろ反対であった。ＤＡＲの一件が無理矢理突きつけられた侮辱であっただけに、とにかく目立つことはやりたくなかったのである。あの偉大なリンカン記念堂への出演日となる一九三九年のイースター「復活祭のことで、キリスト教圏では最も重要な祝祭日と見なされている。この年は四月九日であった」の日曜日が四日後に迫ったこの時点でも、まだ出演するかどうか決めかねていた。彼女の気持ちはむしろキャンセルの方に傾いていた。このように控えめな点は彼女の最も美しい特性の一つであると私は日頃よりそう思っている。彼女にしてみれば、センセーショナルなことや特定の個人ないし組織に対立して行うことなど自分の心境からはおよそかけ離れていたので、このような大がかりな企画に躊躇《ちゅうちょ》するのは無理からぬことであった。彼女としては純粋に自分の歌唱芸術そのものによって勝利したいのであり、歌の才能という神が与えてくれた聖なる贈り物の障害となるようなものと結びつけたりしたくないのである。

　彼女は何時間か予定が空いていたので、わざわざワシントンD.C.まで出向いて入院中の私を見舞ってくれた。もちろんＤＡＲの決定はすでに新聞各紙で大きな反響を呼んでいた。彼女がワシントンの駅に到着すると、そこには大変な人だかりができていた。彼らは明らかにマリアンに同情して集まってきた人々であった。病院までの道を警官が一人、彼女の護衛に付いた。私の病室を彼女が訪ねてくれた際に、私たちはこの重大な問題について十分に話し合い、この野外リサイタルをキャンセルして、その企画から降りるにはもうタイミングを逸しており、とにかくやるしかないというのが私たち二人の結論であった。マリアンは次のように言った。

「でもコスティ、早く良くなって頂戴ね。ピアノ伴奏はどうしても貴方にやってもらわなくては」


いよいよ大舞台の日がやってきた。私たちは会場となるリンカン記念堂まで何台かのオートバイに分乗した警察官によって護衛され到着した。記念堂内の一室で私たちはしばらく待つことになった。そこにはマリアンの家族をはじめ友人知人など関係者が集まり、マリアンへの大きな期待から張りつめた空気が漂っていた。マリアンはあくまでも冷静であった。彼女は静かに立ち上がると、視線を上目にして背筋をピンと伸ばした。まず初めに私がピアノのところまで進み出ると、譜面が風に飛ばされないようにしっかり固定した。そこには穏やかな風が吹いていた。そして七五〇〇〇人の巨大な聴衆の方に目を向け、それからスタインウェイのピアノに視線を移したとき、たとえピアノを弾き始めたとしても、私にはそれは殆ど無駄のような気がしてならなかった。聴衆の誰一人としてピアノの音を聴き取ることはできないと思ったからだ。聴衆の広がりは遙か彼方まで続いており、その末端を肉眼で確認することは殆ど難しかった。このような大群衆を前にしたとき、人間一人の存在など何とちっぽけなものなのだろう、私はふとそのような感覚におそわれた。

この野外コンサートに特別招待された人々はすでに特設舞台の上に着席していた。そこにはローズヴェルト政権の内務長官イッキーズ、財務長官モーゲンソー、最高裁判事ブラック、その他連邦議会の議員諸氏をはじめ著名人の顔も多数見ることができた。各所に設置された拡声器はそこから流れ出る音量を一層高めようとして、それぞれの首を一杯に伸ばしているように思われた。主だったラジオ放送局のスタッフがみな集まり、林立したマイクロフォンはさながらマリアンの立つ特設舞台を護衛する兵士の軍団のようであった。この特設舞台の数メートル前には記録映画の撮影技師を大勢載せた特設壇がしつらえてあった。それらの機材類は好奇心と心配の入り交じった目でマリアンの登場する場所を一心に見つめているように思われた。近くでは無数のカメラマンが同じ方向にカメラを向け、シャッターチャンスをうかがっていた。

内務長官イッキーズが前に進み出てスピーチを行った。その話の中で彼は次のように述べた。

「我々の民主共和制の偉大なる首都、ここワシントンにおいてさえ、あのジェファスンやリンカンが高く掲げた灯火を頭上にかざすことを躊躇したり、あるいは無関心な方々がいます。正義と同様に才能の女神は偏見に盲目であります。もしジェファスンの高い知性がなかったなら、そしてリンカンのあの人間性あふれる温かい心がなかったなら、本日こうして自由の地に自由な個人として我々の中に立つことはできなかったこのご婦人に、才能の女神はその翼の先端でお触れになったのです。才能の女神は色による差別を描いてはおられません。才能の女神は何人もその仲間たちより高い所に立つような、そしてまた如何なる人種にとっても大きな誇りとなるような素晴らしい声をマリアン・アンダースンにお与えになったのであります。だからこそ、人々がいつまでも敬愛してやまないあの高貴なリンカンに捧げるために、今こうしてマリアン・アンダースンがこの場所で歌うのは相応しいことなのです」

そしてミス・アンダースンがこのリンカン記念堂の野外特設舞台中央の柵の中に姿を現した。前方へゆっくりと歩を進めていく彼女の姿には堂々たる王者のような風格さえ感じられた。彼女は黒いビロードのロングドレスを着用し、肩にはミンクのコートを羽織っていた。階段の下りが始まる地点までやって来たところで一瞬立ち止まった彼女は、とてつもない大聴衆の方に目をやった。彼女がはっと息を呑んだように見えた。しかし、私の目にはマリアン自身よりも、むしろ悠然と構える彼女の姿を目の当たりにした聴衆の方こそ遙かに感動しているように映った。

リンカン記念堂の正面に立つ大理石の高い円柱の間に彼女が現れた時、ほっそりとしたその姿は清楚で美しかった。遅い午後の陽光を浴びて、そこには長い陰が落ちていた。このときリンカンの彫像は実際に生きているかのようであった。そして、この大変広い心を持った偉大な人物は深く考え込んでいるように思われた。恐らくこの場に最も相応しい声明は、すべての人々に自由と平等をもたらすべくリンカンが尽力したことによる最も偉大な成果の一つが今日こうして無数の参会者の前にマリアン・アンダースンが登場したことであるということを、ここに集まった人々に伝えることにあろう。

ミス・アンダースンはこのような場面に居合わせて深い感動を覚えた。そして、これは単なる一つの演奏会に留まらず、人類すべてにとって意義深く、もっと重要で価値のあるものだと感じた。また、それはこの罪深い世にマリアンが運んでくるよう運命づけられた平和のメッセージであり、相互理解のメッセージでもあった。

その日、大理石の階段を一段ずつゆっくりと降りてくるマリアンの姿を目の当たりにした人は誰しも、このとてつもなく感動的で素晴らしい光景を決して忘れ去ることはあるまい。そして目頭を熱くせずしてそれを思い浮かべることのできる人もまた、殆どいないのではなかろうか。

彼女は立ち上がって歌う姿勢を整えた。各所に設置された多数の拡声器からピアノの最初の音が力強く流れた。それはあたかも一〇台ものオルガンが同時に奏でているような圧倒的な響きであった。そして彼女は歌い始めた。

浅薄な人間どもが自分たちのちっぽけなホールの扉を閉じたところ、深い知恵を湛えた神が現れ、その最も美しい大聖堂の扉を開けて中に招き入れてくださった。祝祭のこの日のために、そこは美しい緑草、咲きほころぶ桜の木々、水面に青空を映した大きなプール、ゆるやかに流れる明るい雲などで飾り付けられていた。そよ風はそれが黒人であれ白人であれ、何人をも優しく撫でていく……富める者も貧しき者も、強き者も弱き者も、善人も悪人も、いかなる人々をも。そして、すべてのものに等しく自由に美が分かち与えられていた。あの栄えあるイースターの日曜日に。

エピローグ

薄暗い夜明けの光が窓辺に差し込んできた。私は部屋の灯りを消した。傍らの床の上には鉛筆の削り屑やしわくちゃになった原稿用紙が散らばり、机上には書きなぐった原稿が山積みになっていた。

昨夜あれほどまでに私たちを魅了した自然の美しさは柔らかな白い霧の中に神秘的に包まれていた。夜来の風で落ちてきた多数の桃が緑草の上に色とりどりの形を作っていた。

私は書き綴った原稿用紙をきちんと束ねると、一階に通じるドアの扉を静かに開けて庭先へ出て行った。そこには人気のない小径があり、それが丘の上まで続いていた。これが私の進むべく選んだ道である。あざやかな紅葉はその表面にぼんやりとした大きな露の珠を載せていた。私の靴は濡れていたが、そんなことは少しも気にならなかった。一枚の黄色い落ち葉がふいに私の頬をかすめていった。しかし、私は殆どそれを感じることはなかった。私の心の中は様々な思いで一杯になっていたのだ。

さほど重要でないことをしっかり覚えているのに、その一方ですっかり忘れてしまった大事なことも数多くあるに違いない。それでも私は一〇年に及ぶ彼女との演奏活動の中から浮かび上がってきた様々な記憶の寄せ集めから、マリアン・アンダースンの人物像が十分明らかになることを願うものである。読者が欲しているものは多岐にわたる。しかしながら、人が自分自身に対して誠実であろうとするならば、自分自身の道を進まなくてはなるまい。それからまた他の人々からはまったく異なる目で見られるような出来事を説明しようとする際に、自分自身のやり方を選択しなければならないのだ。

そして、この素晴らしい時が過ぎ去って幕が降りるとき、私は数多くの経験が得られたことへの感謝の気持ちと心の充足を感じる。とりわけマリアン・アンダースンには深く感謝するものである。

マリアン・アンダースンについて

マリアン・アンダースンは一八九七年に米国ペンシルヴェニア州フィラデルフィアの貧しい黒人家庭に三人姉妹の長女として生まれた。一九〇三年、六歳で地元フィラデルフィアのバプティスト教会聖歌隊メンバーとなり、歌唱に大変な才能を発揮した。

一九〇九年、一二歳のときに父親を事故で亡くしたことから、長女である彼女は家計を助けるために一五歳で高校進学を一時的に中断することになったが、基礎的な音楽教育は中学の時にメアリー・ソンダース・パタースンから学び始めた。その後、本格的な発声をコントラルトのアグネス・ライフスナイダーに学んだ後、一九二〇年、二三歳のときに高校の校長先生の紹介と教会関係者の温かい支援を受けて、著名な声楽教師のジュゼッペ・ボゲッティの指導を受けることになった。

彼女が初めてボゲッティ先生の前で黒人霊歌の「深い川（Deep River）」を歌ったとき、先生は彼女の優れた資質とともに欠点も見抜き、それから本格的なトレーニングを行ったが、貧しい彼女のために無料でレッスンが続けられたという。その翌年の一九二一年、マリアンは南フィラデルフィア女子高校を卒業した。このとき彼女はすでに二四歳になっていた。

この頃、全米黒人音楽家連盟の大会がシカゴで開催された。そこでマリアンの大学進学を支援するために募金が行われたものの、入学を許可されたエール大学音楽学部の授業開始に先立って支払うべき授業料が不足したために、入学は断念せざるを得なかった。

一九二三年に故郷フィラデルフィアのフィルハーモニック・ソサエティ主催の声楽コンテストに優勝。さらにその二年後の一九二五年にはニューヨークのルイソーン・スタジアムコンサート主催の声楽コンクールに出場し、約三〇〇人の出場者の中から第一位となり、ニューヨーク・フィルハーモニック交響楽団との共演で絶賛された。教会関係者など支援者たちの助力によって引き続き米国内でボゲッティ先生の下で声楽の勉強を続けたが、ドイツ歌曲など外国曲をマスターするためにはヨーロッパでの研鑽の必要性を感じるようになった。

一九二七年、三〇歳のときに英国へ留学し、音楽への広い目が開かれることになった。ローゼンワルド奨学金を得てからはヨーロッパでの音楽の研鑽に励んだ。一九三〇年からベルリンを拠点にして優れた声楽教師の一人であるクルト・ヨーネンからドイツ歌曲を学ぶとともに、バッハザールにおいてドイツでのデビュー・コンサートを飾った。そしてマリアンの音楽人生の転換点となる北欧諸国への演奏旅行が始まることになるが、この頃から本書の著者であるコスティ・ヴェハーネンがアンダースンの伴奏者となった。

一九三〇年、ロンドンのウィグモアホールに出演。続いて北欧諸国、スイス、ソ連、フランス、イタリア、オーストリア、南アメリカのブラジル、アルゼンチン、ウルグアイでも演奏会を開催した。こうして国際的な名声を確立することになったマリアン・アンダースンであったが、中でも一九三五年夏のザルツブルク音楽祭におけるコンサートで〝百年に一度の歌唱〟と名指揮者トスカニーニから賛辞を得たことは彼女にとって大きな自信となった。

その年の一二月には足を骨折した状態のまま、ニューヨークのタウンホールで帰国リサイタルに臨み、センセーショナルな成功を収めた。その後も彼女は広く世界各地を巡り、一シーズンに一〇八回も演奏会を行うこともあった。

一九三九年、米国の首都ワシントンD.C.に本部のあるDAR（Daughters of American Revolution:「アメリカ独立戦争従軍者の娘達」という一八九〇年に結成された婦人団体）がその所有管理する憲法記念館ホール（音響の良さと約四〇〇〇人収容の当時ワシントンD.C.では最高のコンサートホールであった）を黒人であるという理由でアンダースンのコンサートに使用することを断ったことから、当時の最も悪しき事件として米国全土にわたって議論が沸騰した。これによって米国民の関心はいっそう人種差別問題に向けられることとなった。

このDARの決定に抗議して米国大統領夫人エリノア・ローズヴェルトはDARを脱会した。フランクリン・ローズヴェルト民主党政権下のホワイトハウスや内務省（日本の国土交通省に相当）長官ハロルド・イッキーズは、復活祭の日（一九三九年四月九日）にアンダースンのためにリンカン記念堂における野外コンサートを提案し、その実現に尽力した。このコンサートには七五〇〇〇人もの聴衆が集まり、歴史的なコンサートとして今も人々に語り継がれているが、本書の記述はここで終っている。

この年の七月には有色人種の地位向上に著しい貢献をした者に与えられるスピンガーン賞がマリアンに授与されている。翌一九四〇年にヴェハーネンがフィンランドに帰国したため、このあとの伴奏者はヒトラーのナチス政権から逃れて米国に移住したフランツ・ルップが引き継ぐことになったが、彼は一九六五年にマリアンの引退公演が終わるまで伴奏者を務めた。

一九四三年に彼女は才能ある若い歌手たちのためにマリアン・アンダースン賞を設けた。受賞者にはグレース・バンブリーらがいる。そして一九四三年、彼女はニューヨークの建築家オーフュース・フィッシャーと結婚した。

一九五三年にはNHKの招聘で来日し、東京、大阪、広島、名古屋においてコンサートを開催しているが、長年に亘りNHKの音楽プロデューサーを務めた福原信夫氏によれば、東京の日比谷公会堂で行われたリサイタルでは、二階正面の観客席に忙しい来日スケジュールの合間をぬって訪れたエリノア・ローズヴェルト大統領夫人の姿を見て、マリアン・アンダースンは感激にむせびながら歌ったという。

一九五五年、彼女は黒人歌手として初めてニューヨークのメトロポリタン歌劇場に登場し、ヴェルディのオペラ「仮面舞踏会」のウルリカ役を歌い、翌シーズンも同じ役で出演した。これが契機となって、レオンタイン・プライス、グレース・バンブリー、シャーリー・ヴァーレット、それから次の世代にあたるジェシー・ノーマン、キャスリーン・バトルなどが彼女の後に続く黒人歌手として続々と出演するようになり、今日に至っている。

一九五七年には国務省（日本の外務省に相当）の使節としてインドや東アジアに演奏旅行を行う。翌一九五八年にはアイゼンハワー大統領によって第一三回国連総会米国代表の一人に任命された。アイゼンハワーおよびケネディの両大統領の就任式では国歌を独唱した。また一九六三年、キング牧師の演説で有名なあのワシントン行進においても、同牧師の演説の後にゲスト歌手として歌っている。そして、この年に起こったケネディ大統領暗殺から二週間後に大統領自由勲章を授与された。

翌一九六四年には母のアンナ・アンダースンが八九歳で亡くなり、引退を表明する。そして引退公演をワシントンD.C.の憲法記念館ホールより始め、一九六五年復活祭の日（四月一八日）にニューヨークのカーネギーホールにて行われた引退公演で終了した。

一九七七年に国連平和賞を受賞。一九八四年には第一回エリノア・ローズヴェルト人権賞を受賞した。一九八五年に夫のオーフュース・フィッシャーが亡くなった。そしてマリアン・アンダースンは一九九三年、オレゴン州ポートランドにある甥のジェームズ・デプリーストの自宅で死去した。享年九六歳であった。

なお、ジェームズ・デプリーストは本書にも出てくるマリアン・アンダースンの妹エセルの息子で、二〇〇五年から二〇〇八年まで東京都交響楽団の常任指揮者を務めた。

アンダースンは一九三八年にハワード大学から音楽博士号を授与されたのをはじめ、五〇あまりの教育機関から名誉学位が授与されているが、その他にも外国政府からも多くの賞が授与されている。

彼女が亡くなった後のことも少し記しておきたい。

一九九七年、カーネギーホールとユニオン・バプティスト教会にてマリアン・アンダースン生誕一〇〇周年記念式典が行われた。

一九九八年には、生まれ故郷のフィラデルフィア市がマリアン・アンダースン賞を継承し、対象者を音楽家に限らず、人道分野で貢献したアーティストに授与するように改めた。この賞はこれまでにハリー・ベラフォンテ、グレゴリー・ペック、エリザベス・テイラー等が受賞。そして二〇〇七年には中国によるチベット民族弾圧に抗議活動するリチャード・ギアが受賞した。

二〇〇五年には米国郵便局（United States Postal Service）により、マリアン・アンダースンの功績を称えて彼女の肖像をとり入れた記念切手が発行されている。

訳者あとがき

この本を翻訳しながらいつも思い出していたのが高校生の頃によく聴いていたマリアン・アンダースンとフェルッチョ・タリアヴィーニのレコードであった。その当時、この二人の歌手のレコードから流れてくる歌唱に耳を傾けていると、なぜか私はいつも心の中に静かに伝わってくる何かを感じるのであった。

そのマリアン・アンダースンのレコードは俗にドーナッツ盤と言われるシングル盤で、表と裏に一曲ずつ「ケンタッキーの我が家」と「懐かしきヴァージニア」の二曲が収録されていた。

彼女の歌う黒人霊歌を聴くようになったのは、大学に入って男声合唱にのめり込むようになってからだった。あるとき男声合唱団のメンバーからデ・ポーア男声合唱団のレコードを借りて聴いたところ、その素晴らしさに私はもう何も言えなくなっていた。多感な時期に素晴らしい演奏家の遺した音楽を聴くことは、その人にとって音楽が好きになるきっかけになるのだと思う。

マリアン・アンダースンはアフリカ大陸から黒人奴隷の労働力として米国に連れてこられた黒人を先祖に持つが故にいわれなき差別を受けてきたが、彼女は黒人クラシック歌手の先達として後進のために道を切り開き、ついには人種の壁を乗り越え、後に続く黒人歌手のロールモデルとなった米国を代表するクラシック歌手である。今では彼女を知る日本人はとても少なくなっているが、時の流れのままに忘れ去られてしまうには何としても惜しい歌手である。

ところで先駆者といえば、戦後のまだ海外旅行が珍しい時代に日本オペラ界の先駆者としてヨーロッパの第一線で活躍した大橋国一というバス歌手がいた。彼は当時、西ドイツのケルン歌劇場専属第一バス歌手を務め、日本のオペラ界を背負っていく存在として将来を大いに嘱望されていた。先駆者というのは道なき道を切り開いて進まなければならず、その前途には常に辛く厳しい道が待っているものだ。だが彼の前途には癌という病魔が待っていた。そして僅か四二歳で亡くなった。今日では殆ど忘れ去られたこの歌手にも、いつの日かクラシック音楽のファンによって光が当てられることを願っている。

最後まで辛抱強く遅筆の訳者原稿を待ってくださった編集担当の結城さんには、感謝以外に言葉が見つからない。

二〇一八年八月

石坂　廬

メ

メイエルホリド，フセヴォロド 117
(Mejerchol'd, Vsevolod)
メルバ，ネリー 173
(Melba, Nellie)

ユ

ユリエフ，ユーリ 117
(Yuryev, Yuri)

リ

リンカン，エイブラハム 235, 236
(Lincoln, Abraham)
リンドベリ，ヘルゲ 146, 147
(Lindberg, Helge)

ル

ルンメル，ワルター 90
(Rummel, Walter)

レ

レーニン，ヴラディーミル 81, 82
(Lenin, Vladimir)
レーマン，リザ 155
(Lehmann, Liza)
レーマン，ロッテ 133
(Lehmann, Lotte)

ロ

ローズヴェルト，エリノア 216, 217, 220, 232
(Roosevelt, Eleanor)
ローズヴェルト，フランクリン 216, 218
(Roosevelt, Franklin)
ローマックス，アラン 218
(Lomax, Alan)
ロブスン，ポール 91, 153
(Robeson, Paul)

ワ

ワルター，ブルーノ 133-135
(Walter, Bruno)

チ

チャイコフスキー，ピョートル・イリイチ 83
(Tchaikovsky, Pyotr Ilyich)

テ

ティベット，ローレンス 218
(Tibbett, Lawrence)

ト

ドゥーゼ，エレオノラ 155
(Duse, Eleonora)
トスカニーニ，アルトゥーロ 131-134
(Toscanini, Arturo)

ネ

ネジダーノヴァ，アントニーナ 86
(Nezhdanova, Antonina)

ハ

バーレイ，ハリー 215
(Burleigh, Harry)
バッハ，ヨハン・セバスティアン 146, 147, 152, 154
(Bach, Johann Sebastian)
バディア，コンチタ 175
(Badia, Conxita)
パルムグレン，セリム 37
(Palmgren, Selim)
ハンスリック，エドゥアルト 41
(Hanslick, Eduard)

ヒ

ビゼー，ジョルジュ 154
(Bizet, Georges)

フ

フーヴァー，ハーバート 56, 66
(Hoover, Herbert)
ブラームス，ヨハネス 133-135
(Brahms, Johannes)
フラグスタート，キルステン 154
(Flagstad, Kirsten)
フリート，オスカー 85
(Fried, Oskar)

ヘ

ヘイズ，ローランド 20, 142, 153, 231
(Hayes, Roland)
ベルナール，サラ 155
(Bernhardt, Sarah)
ヘンデル，ゲオルク・フリードリヒ 146, 151-153, 170
(Händel, Georg Friedrich)

ホ

ポスティショフ，パーヴェル 93, 102, 103
(Postyshev, Pavel)
ホルスティ，ルードルフ 66-68
(Holsti, Rudolf)
ポンス，リリー 154, 195
(Pons, Lily)

マ

マーラー，グスタフ 138, 139
(Mahler, Gustav)
マルティネッリ，ジョヴァンニ 154
(Martinelli, Giovanni)

ア

アースキン，ジョン 149
(Erskine, John)
アクテ，アイノ 160
(Acktè, Aino)
アマヤ，カルメン 197-200
(Amaya, Carmen)

イ

イーデン，アンソニー 70
(Eden, Anthony)
イッキーズ，ハロルド 235
(Ickes, Harold)
イッポリトフ＝イヴァノフ，ミハイル 86
(Ippolitov-Ivanov, Mikhail)

ウ

ヴァーグナー，リヒャルト 41, 154
(Wagner, Richard)
ヴォルフ，フーゴ 138, 150
(Wolf, Hugo)

エ

エカチェリーナ２世 79
(Yekaterina Ⅱ)

カ

カイエ，シャルル 133, 138, 139
(Cahier, Charles)
ガッレン＝カッレラ，アクセリ 33
(Gallen-Kallela, Akseli)
カプシール，メルセデス 97
(Capsir, Mercedes)
カルーゾ，エンリコ 173, 195
(Caruso, Enrico)
ガルボ，グレタ 155
(Garbo, Greta)

ク

グリーグ，エドヴァルド 15, 32
(Grieg, Edvard)
クレンペラー，オットー 85
(Klemperer, Otto)

シ

シベリウス，ジャン 15, 32-37, 41-46, 144, 145, 152
(Sibelius, Jean)
シャリアピン，フョードル 173, 174
(Chaliapin, Fyodor)
シューベルト，フランツ 74, 75, 133, 142, 150, 151, 153, 154, 159, 172, 219
(Schubert, Franz)
シューマン＝ハインク，エルネスティーネ 173, 174
(Schumann-Heink, Ernestine)
シューマン，ロベルト 153
(Schumann, Robert)
ショスタコーヴィチ，ドミトリー 83
(Shostakovich, Dmitri)
ジョゼ，マリーア 126
(Jose, Marie)

ス

スヴィンフヴード，ペール 51
(Svinhufvud, Pehr)
スタニスラフスキー，コンスタンティン 15, 80, 83-85
(Stanislavski, Konstantin)
スミス，ケイト 218
(Smith, Kate)

人名索引

（本文以外は除く）

【著者】

コスティ・ヴェハーネン（Kosti Vehanen）

（1887生～1957没）フィンランドのトゥルク生まれのピアニストで、作曲家でもある。1905年から1910年までヘルシンキ音楽学校（現シベリウス音楽院）で学んだ後、ベルリン、パリ、ローマで研鑽を積んだ。北欧や英国の主要オーケストラとの共演を含めて生涯に3000回を超えるコンサートで演奏したが、マリアン・アンダースン、アイノ・アクテ、マイッキ・ヤルネフェルトなどの20世紀前半期の重要な歌手たちの伴奏者としても活躍した。作曲家としてはピアノ曲、フィンランド民謡の編曲、歌曲、バレー曲およびヴァイオリンやチェロのための幻想曲を作曲している。1957年に故郷のトゥルクで亡くなった。享年69歳。

【訳者】

石坂 廬（いしざか いおり）

1946年関東州大連市（現中国東北部）生まれ。早稲田大学卒業。日本火災海上保険に32年間勤務の後、笹川平和財団等に勤務。小学校よりコーラスを始め、早稲田大学グリークラブで男声合唱を行う。これまで海外との文化交流で、イスラエル、西ドイツ、オーストリア、ラトヴィア、英国、中国、台湾を訪問し、合唱祭や演奏会に男声唱団員として参加。現在稲門グリークラブ、日本ラトヴィア音楽協会、六声会の各会員。訳書に『悲しみと希望―ラビン首相の孫が語る祖父、国、平和』（ノア・ベンアルツィ・ペロソフ著、ミルトス）『トスカニーニ　身近で見たマエストロ』（サミュエル・チョツィノフ著・アルファベータブックス）がある。

マリアン・アンダースン

発行日　　2018年　10月1日　第1刷

著　者　コスティ・ヴェハーネン
訳　者　石坂 廬
発行人　春日 俊一

発行所　株式会社 アルファベータブックス
〒102-0072 東京都千代田区飯田橋2-14-5
Tel 03-3239-1850　Fax 03-3239-1851
website http://ab-books.hondana.jp/
e-mail alpha-beta@ab-books.co.jp

装　丁　佐々木 正見
印　刷　株式会社 エーヴィスシステムズ
製　本　株式会社 難波製本
ISBN 978-4-86598-057-8　C0073

【写真提供】
Marian Anderson Collection of Photographs.

Kislak Center for Special Collections Rare Books and Manuscripts, University of Pennsylvania.